名人与云冈

云冈石窟文物研究所　编

文物出版社

周恩来一行视察云冈石窟。

邓小平、彭真一行视察云冈石窟。

江泽民一行视察云冈石窟。

云冈石窟全景

书名题字：李治国
摄　　影：张海雁　员新华　陈占奎
乔晓光　赵清义　董荣贵
装帧设计：张希广
版式设计：段书安
责任印制：陆　联
责任编辑：段书安　郭维富

图书在版编目（CIP）数据

名人与云冈／李治国主编．— 北京：文物出版社，2005.6

ISBN 7-5010-0353-X

Ⅰ．名… Ⅱ．李 … Ⅲ．云冈石窟－研究 Ⅳ．K879.224

中国版本图书馆CIP数据核字（2005）第060607号

名人与云冈
云冈石窟文物研究所 编
文物出版社出版发行
北京五四大街29号
http：//www.wenwu.com
E-mail：web@wenwu.com
北京燕泰美术制版印刷有限责任公司 制版
北京盛兰兄弟印刷装订有限公司 印刷
889×1194 1/16 印张：10.5
2005年6月第1版 第1次印刷
ISBN 7-5010-0353-X/K·140
定 价：196.00元

目 录

前　言

大同，是一座历史悠久的文化名城。战国时，属赵国雁门郡管辖；西汉初，置平城县。公元386年，鲜卑拓跋崛起，创建北魏政权，12年后，移都平城（今山西大同）。平城作为北方政治、经济和文化中心，历96年之久。恢宏壮美的云冈石窟就开凿于这一时期。

武周山，位于大同市城西16公里处，是北魏诸帝祈福的神山，云冈石窟就依山凿于山之南麓。石窟东西绵延1公里，现存主要洞窟45个，大小造像51000余尊，是中国石窟艺术史上第一次造像高峰时期产生的杰出代表，也是古代东西方文化交流的艺术瑰宝。1961年，国务院公布云冈石窟为第一批全国重点文物保护单位。2001年12月14日被列入《世界遗产名录》。

气势磅礴的昙曜五窟（第16～20窟），是云冈石窟营造工程的初响。窟内造像形体高大，身躯挺拔硕健，融有鲜卑拓跋的形貌，是模拟天子之容颜、具有“胡貌梵相”特点的新型佛像，透示出这个马背民族的强大与活力。

云冈中期，是镌窟造像活动最辉煌的时期。第7、8窟表现出的外来佛教文化与中国传统文化撞击的瞬间美丽，犹如挣脱脐带般的超越。太和八年（484），由文明皇太后与孝文帝倡导的汉化改制拉开序幕。随后，云冈的佛尊，蝴蝶蜕变般脱掉了泊自印度的袈裟，深染华风的褒衣博带式佛装盛极一时。中国佛教造像史上第一次艺术风格转型，坚定地从云冈迈出了第一步，这一步有如万壑奔流，波阔四疆。

太和十八年（494），迁洛后的平城政治影响力纵然衰减，但是云冈晚期佛教雕刻艺术却与人性越走越近。这一时期造像所表现出的秀骨清像之风，正是成型于中原地域“中原风格”或称“龙门样式”的滥觞先声。

正光四年（523），柔然“入塞寇抄”，孝昌二年（526），北镇纷乱，平城废，云冈营造工程偃旗息鼓。

隋至唐初，平城改为云中郡恒安镇，云冈石窟略施修建。辽兴宗、道宗时期，建十寺，后遭焚，“灵岩栋宇，扫地无遗”。明清时，部分地进行了施泥彩绘。

中华人民共和国成立后，党和政府对云冈石窟的保护与发展给予了极大的关怀和支持，许多领导人亲临云冈视察，对石窟的科学保护和科学利用提出了重要的指导意见。从1973年9月间周恩来总理陪同法国总统乔治·蓬皮杜访问云冈时提出的三年修复工程，到“八五”维修工程、一〇九国道改线等，云冈石窟的保护、研究、宣传、利用及其发展前景规划的制定，无不凝结着党和政府的殷切关怀和国内外专家学者的倾心付出。

值此云冈石窟文物研究所建所50周年暨云冈国际学术研讨会召开之际，我们搜集整理了部分图片资料予以出版，以期铭记前贤，启发后学，进一步促进我国文物事业的发展。本书的出版，得到了省委宣传部、市委宣传部和新闻单位的大力支持，谨此表示诚挚的谢意。

李治国

2005年6月

周恩来总理向来自24个国家的180多名中外记者宣布：不管怎么样，云冈石窟艺术一定要想办法保存下去，云冈石窟要“三年修好”。

1973年9月15日，周恩来总理陪同法国总统乔治·蓬皮杜视察云冈石窟。随行的有外交部部长姬鹏飞，国家文物局局长王冶秋，山西省委第一书记谢振华、书记曹中南，大同市革委会主任赵力之等。

2001年8月19日，江泽民总书记视察云冈石窟。山西省委书记田成平、省长刘振华，大同市委书记靳善忠、市长孙辅智陪同。

2001年8月19日，江泽民总书记视察云冈石窟。

1950年11月，中央人民政府副主席宋庆龄视察云冈石窟。察哈尔省省长张苏等陪同。

1963年10月，中共中央政治局委员、国家副主席董必武视察云冈石窟，并赋诗一首：“塞外云中古迹多，华严石窟美殊科。回车暂住留一日，走马观花未揣摩”。

1964年7月6日，全国人大常委会副委员长、著名历史学家郭沫若偕夫人于立群视察云冈石窟，并赋诗一首：“天教微雨为清尘，来看云冈万佛身。佛法虚无何足道，人民万古显精神”。

1973年9月5日，中共中央政治局委员邓颖超视察接待法国总统乔治·蓬皮杜参观云冈石窟的准备工作。大同市委秘书长宁森等陪同。

1973年9月15日，外交部长姬鹏飞视察云冈石窟。

1977年9月19日，中共中央副主席叶剑英视察云冈石窟。

1979年8月19日，中共中央政治局委员、国务院副总理薄一波视察云冈石窟。雁北地委书记薛凤霄，大同市委书记赵力之、副书记曲正存等陪同。

1979年10月，曾任外交部副部长，时任山西省委副书记、省长的罗贵波视察云冈石窟。

1980年7月14日，中共中央政治局委员、国务院副总理方毅视察云冈石窟。

1980年7月31日，全国政协副主席班禅·额尔德尼·确吉坚赞视察云冈石窟。

1980年9月，中共中央政治局委员、中国人民解放军总参谋长杨得志、副总参谋长杨勇视察云冈石窟。

1981年8月10日，中共中央政治局委员、国务院副总理余秋里视察云冈石窟。省市领导阎武宏、和愚等陪同。

1983年8月初，中央书记处书记、中宣部部长邓力群视察云冈石窟。大同市委书记和愚等陪同。

1984年6月28日，全国政协副主席杨成武视察云冈石窟。

1986年7月2日，全国人大常委会副委员长廖汉生视察云冈石窟。大同市市长王玉龙陪同。

1986年9月16日，全国人大常委会副委员长陈丕显视察云冈石窟。

1988年8月10日，中共中央政治局常委、中央书记处书记乔石在山西省委书记李立功陪同下视察云冈石窟。

1988年8月13日，中共中央顾问委员会常委、中国人民解放军国防大学政委李德生视察云冈石窟。

第八窟

1988年冬，中共中央顾问委员会常委黄镇视察云冈石窟。曾任大同市委书记的马杰和山西省委宣传部副部长兼省文化厅厅长温幸、大同市委副书记董瑞山陪同。

1989年7月21日，中共中央政治局委员、国务委员李铁映视察云冈石窟。国家文物局局长张德勤、山西省副省长吴达才、省文物局局长贾立业陪同。

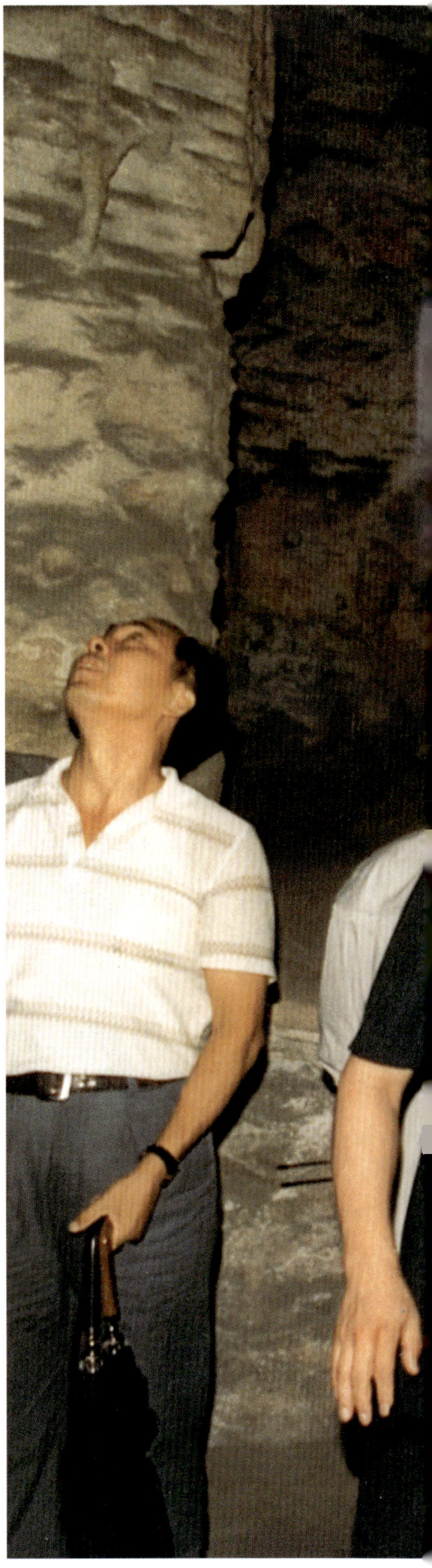

1989年8月18日，中共中央政治局常委、中央书记处书记李瑞环视察云冈石窟。山西省委书记李立功、省委宣传部部长张维庆、大同市委书记樊荣枝陪同。

1989年9月12日，时任上海市市委书记、市长的朱镕基视察云冈石窟。

1990年2月22日，中共中央政治局委员、国务院副总理田纪云在山西省省长王森浩陪同下视察云冈石窟保护工作。后决定由国家和地方共同投资治理云冈石窟的风蚀渗水问题。

1990年7月14日，全国政协副主席谷牧视察云冈石窟。大同市委秘书长昝培国陪同。

1993年8月6日，国务委员兼国家科委主任宋健视察云冈石窟。山西省委宣传部部长张维庆陪同。

1994年4月9日，中共中央政治局委员、书记处书记尉健行视察云冈石窟。

1994年7月11日，全国人大常委会副委员长，全国妇联主席陈慕华视察云冈石窟。

第十九

1994年7 月28日，全国人大常委会副委员长、民盟中央主席费孝通视察云冈石窟。

1995年6月18日，全国政协副主席吴学谦视察云冈石窟。大同市委书记纪友伟陪同。

1995年6月26日，曾任中共中央政治局常委、中组部部长的宋平视察云冈石窟。大同市委书记纪友伟、市长杜玉林陪同。

1996年夏，中国人民解放军总政治部主任于永波、北京军区司令员李来柱视察云冈石窟。大同市委书记纪友伟、市长杜玉林陪同。

1998 年 6 月 9 日，全国政协副主席、中共中央统战部部长王兆国视察云冈石窟。大同市委书记纪友伟、副书记赵仁家陪同。

2000年初夏，中国人民解放军总参谋长傅全有视察云冈石窟。

2000年7月8日，曾任全国人大常委会副委员长的王汉斌视察云冈石窟。大同市委书记靳善忠陪同。

2000年7月11日，全国政协副主席任建新视察云冈石窟，山西省政协主席郑社奎，大同市委书记靳善忠、市政协主席刘政宪陪同。

2000年8月8日，全国政协副主席万国权视察云冈石窟。大同市委书记靳善忠、市政协主席刘政宪陪同。

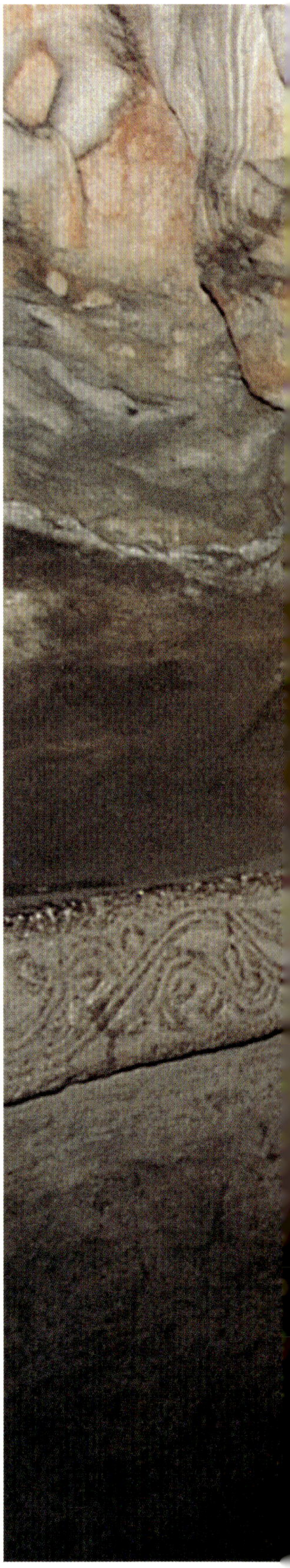

2000年10月4日，中共中央政治局委员、国务院副总理钱其琛视察云冈石窟。山西省省长刘振华、副省长薛军，大同市委书记靳善忠、市长孙辅智陪同。

2003年8月10日，全国政协副主席王忠禹视察云冈石窟。大同市政协主席孙辅智陪同。

1976年9月21日，国家文物局局长王冶秋和山西省委宣传部副部长卢梦、大同市委副书记王志，验收1973年9月周总理指示进行的云冈石窟三年维修保护工程。

2000年5月12日，国家文物局局长张文彬和院士及有关专家郑孝燮、周干峙、江欢成、张锦秋、傅熹年、叶可明、谢辰生等考察云冈石窟保护工作。山西省文物局局长郭士星陪同。

2002年10月3日，国家文物局局长单霁翔、山西省委宣传部部长申维辰、山西省文物局局长施联秀考察云冈石窟保护工作。

1963 年，鲁迅夫人许广平考察云冈石窟。

1975年4月11日，著名科学家华罗庚考察云冈石窟。

2000年8月，北京大学教授、著名考古学家宿白考察云冈石窟。

2001年8月21日，国家文物局组织全国政协文艺界知名人士考察云冈石窟。

2004年5月15日，班禅·额尔德尼·确吉杰布考察云冈石窟。大同市委书记来玉龙、市长郭良孝陪同。

1977年5月8日，荷兰王国公主贝亚特丽克丝在山西省革委会副主任史怀璧陪同下参观云冈石窟。

2000年3月19日，泰王国公主玛哈扎克里·诗琳通参观云冈石窟。

2001年3月3日，受联合国教科文组织世界遗产委员会委派，国际古迹遗址理事会专家穆罕默德·拉菲克·姆高考察验收云冈石窟申报世界文化遗产工作。

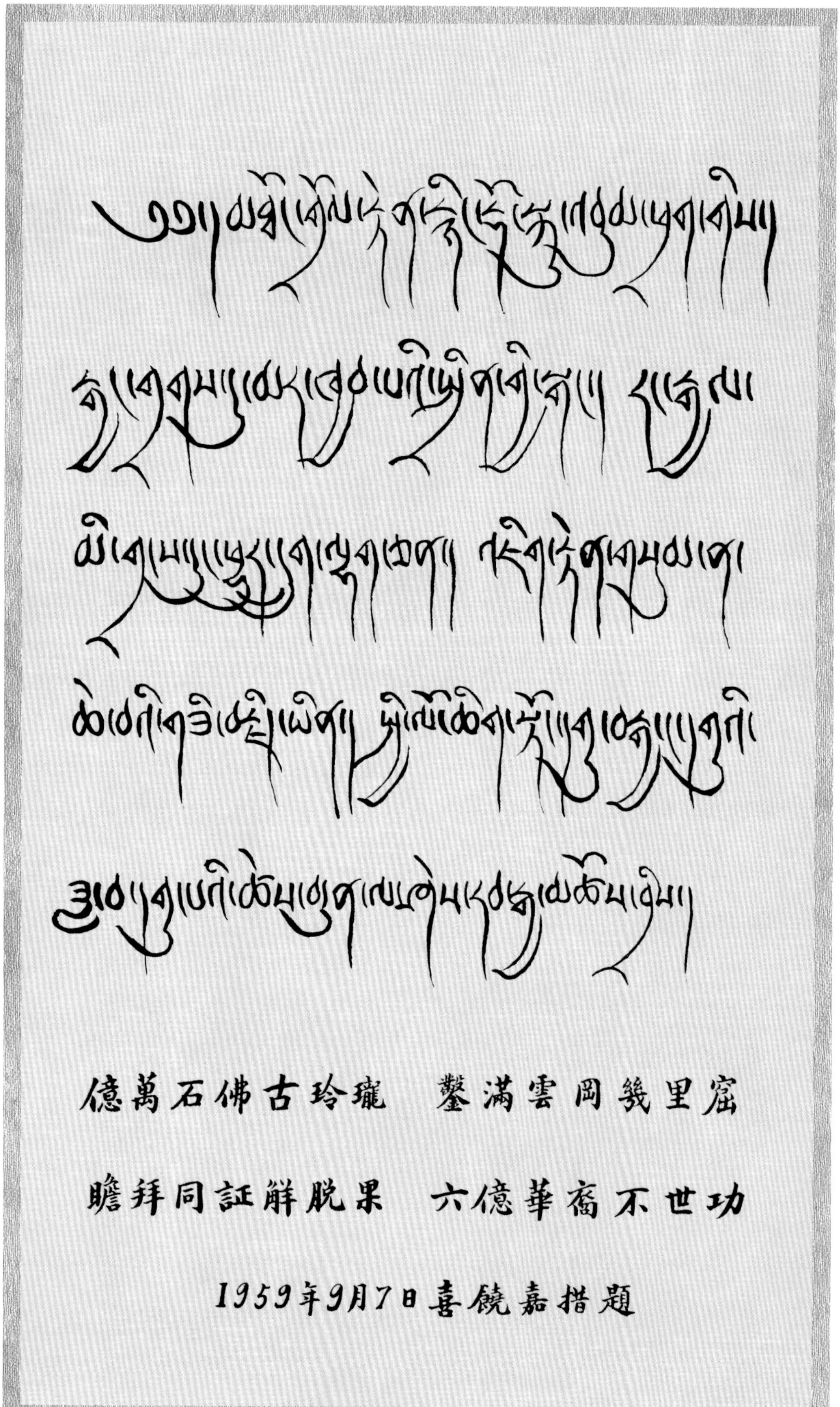

喜饶嘉措　题词

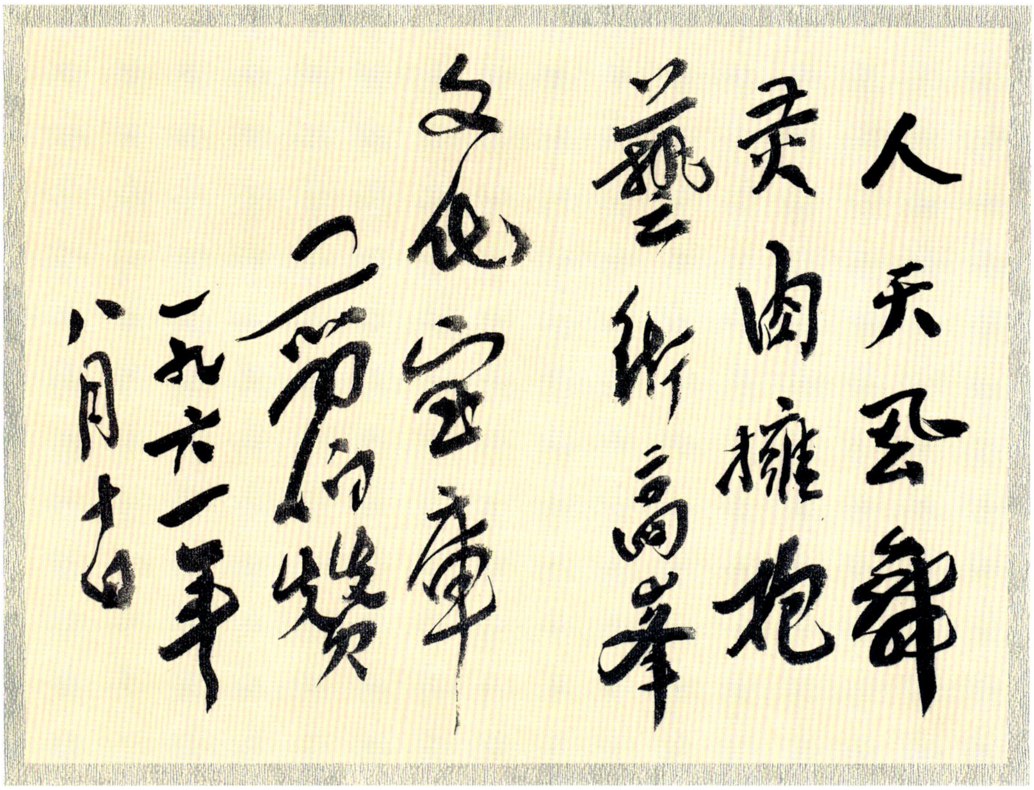

翁伯赞 题词

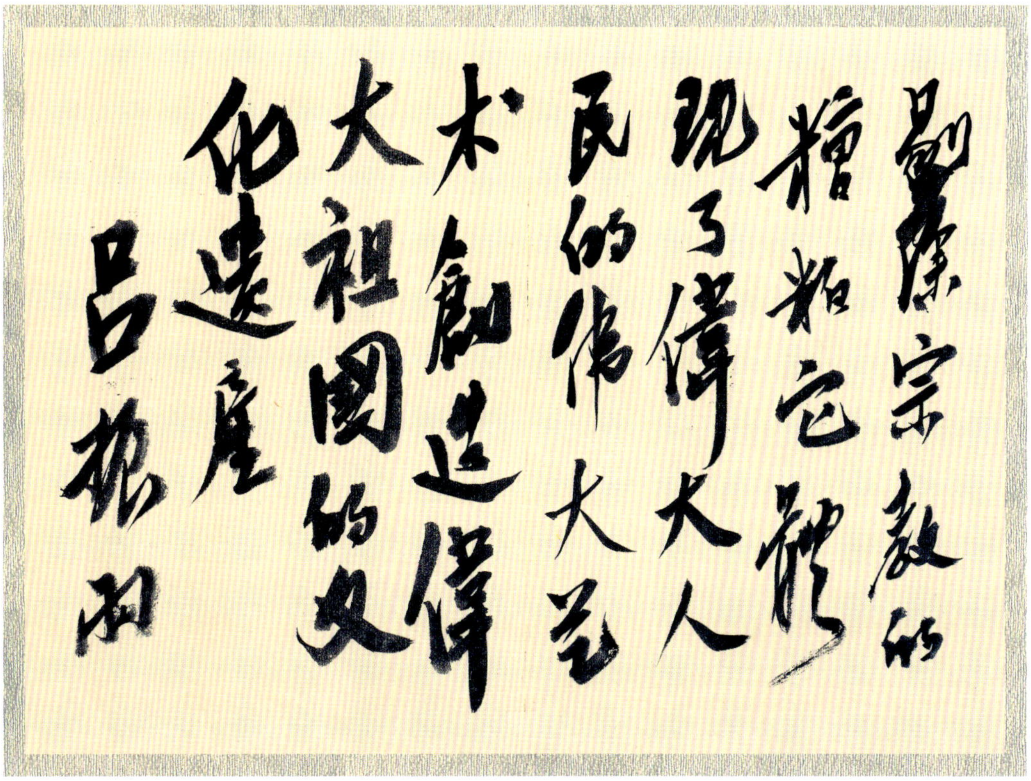

吕振雨 题词

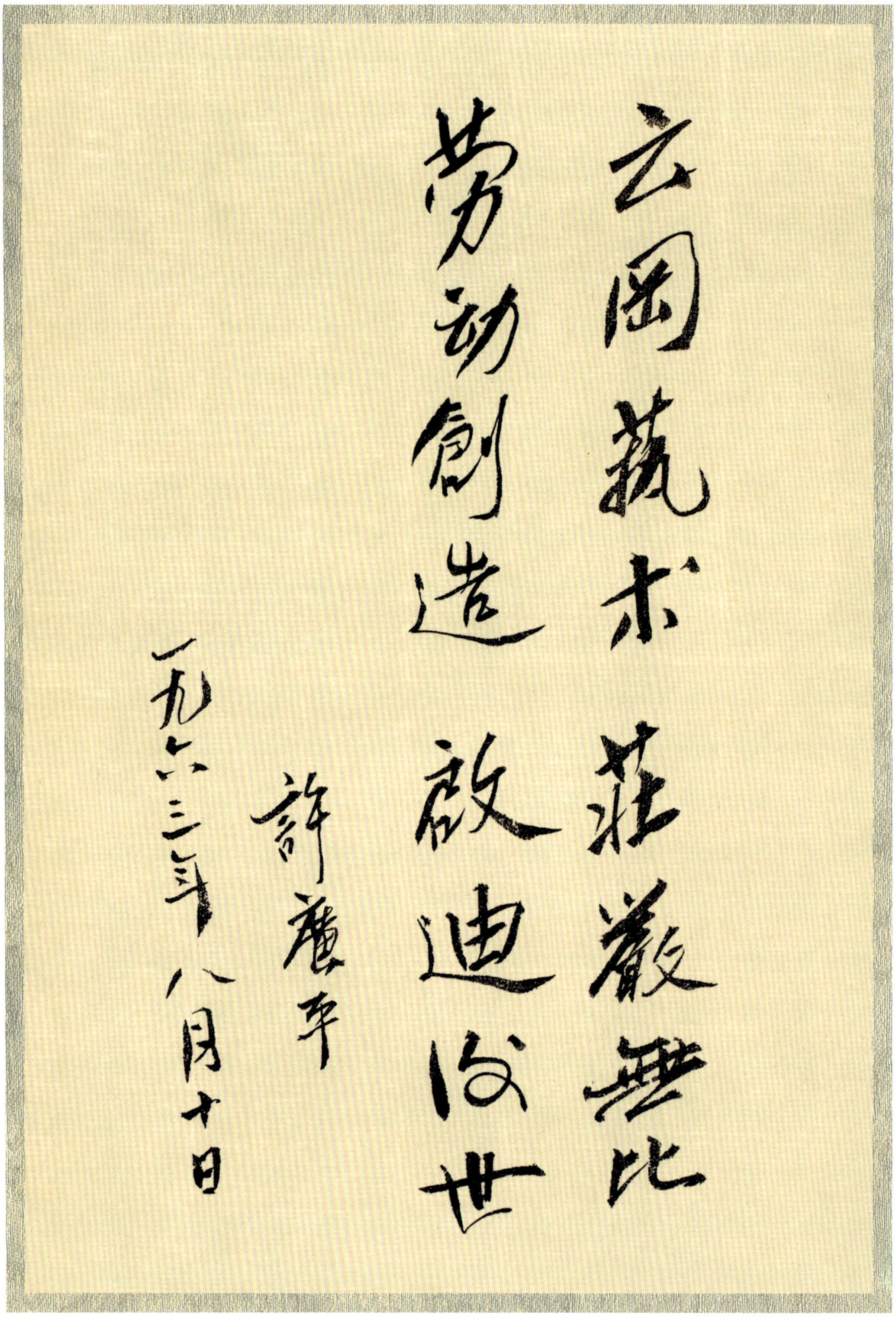

许广平　题词

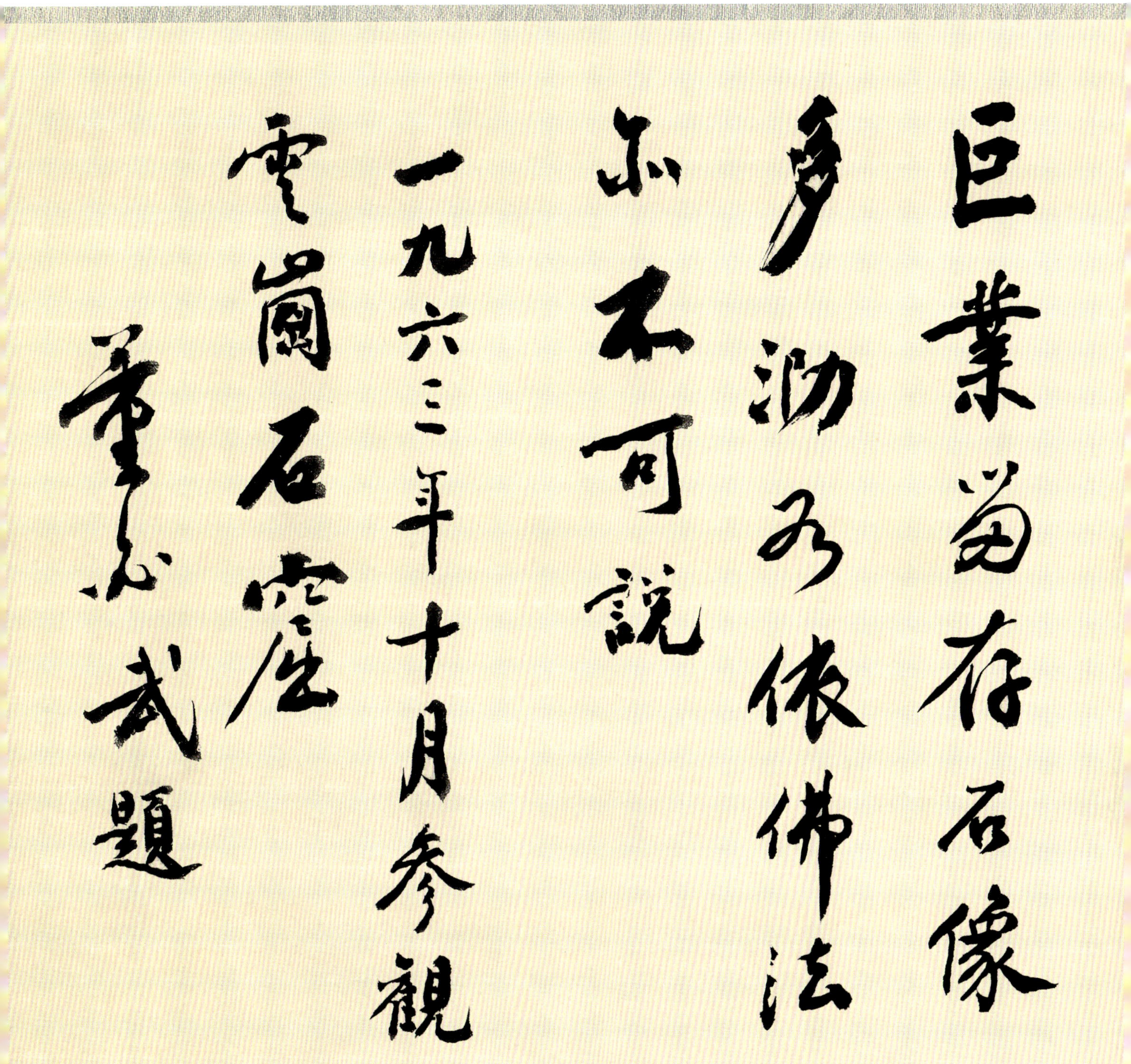

董必武　题词

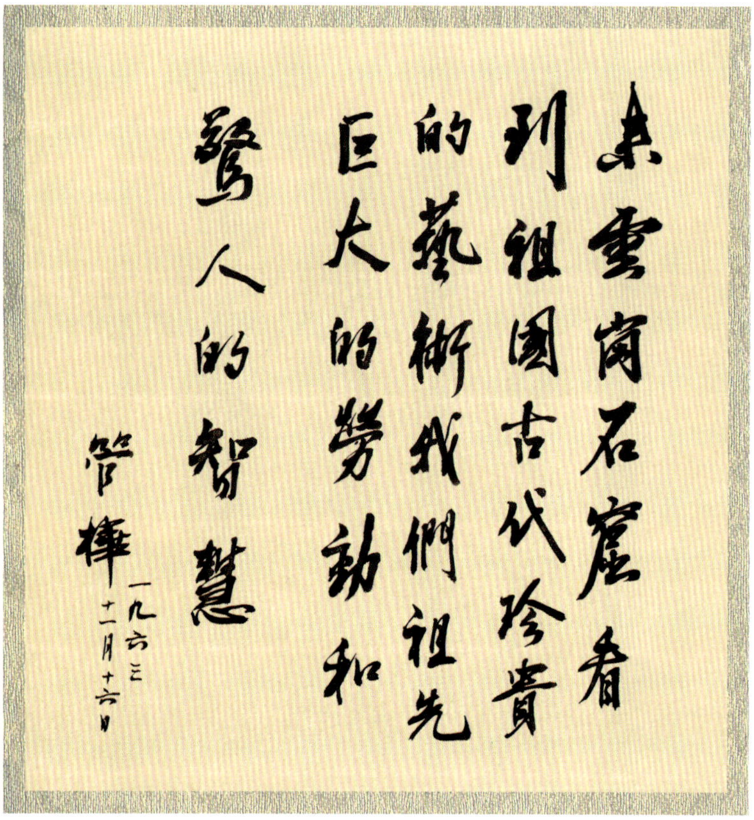

管桦 题词

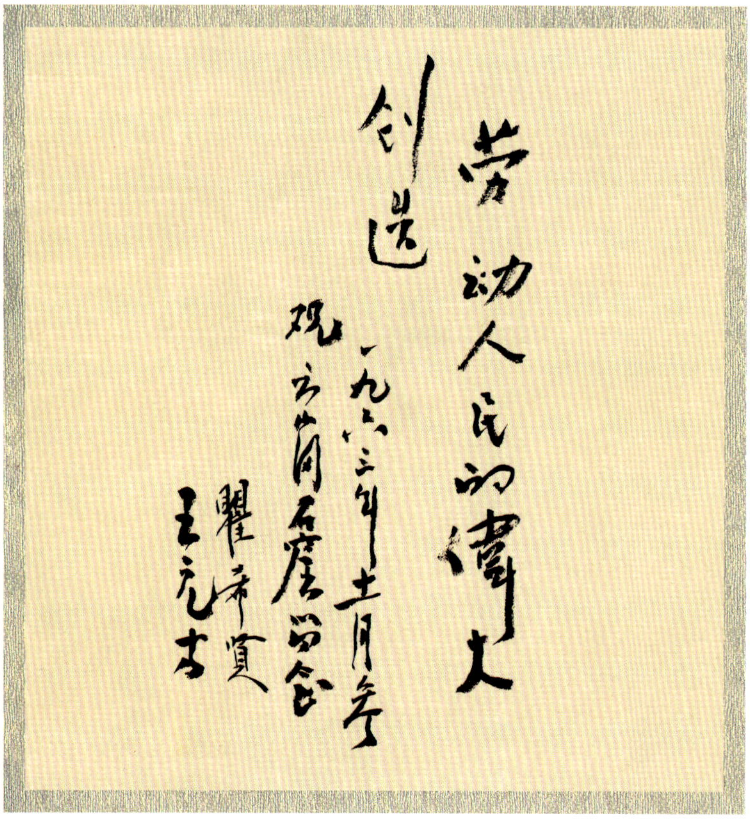

瞿希贤 王元古 题词

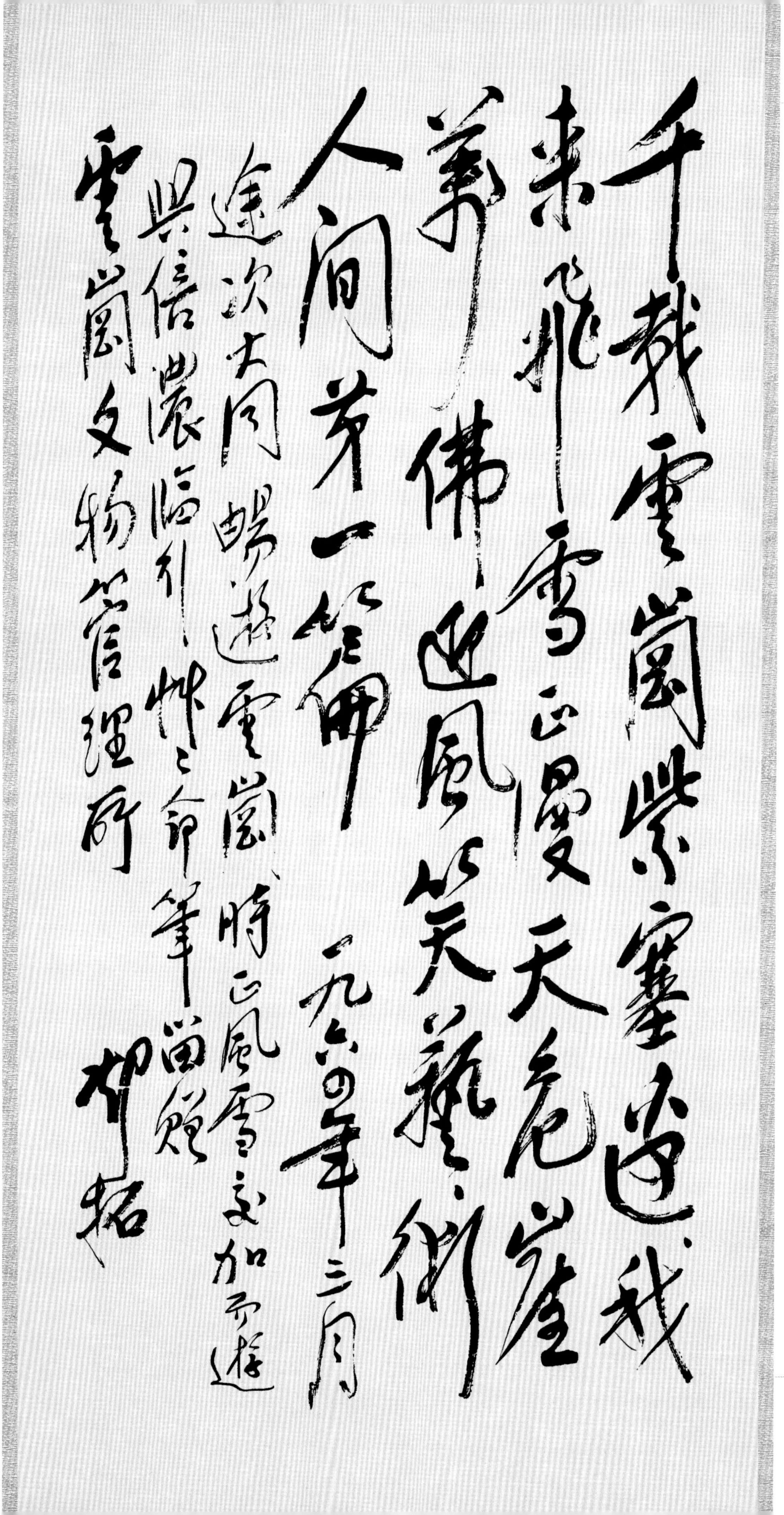
千载云岗紫塞边
我来飞雪正漫天
危崖万佛迎风笑
艺术人间第一篇
一九六四年三月
途次大同畅游云岗时正风雪交加而游
兴倍浓临行仍以笔留题
云岗文物管理所
邓拓

邓拓题词

关山月 画作

北园物华兮石雄呈云山旷厂生意
穹亚唯千室何子弥佛雨向神祗颂
正风

石云岗文物签理所当忘

壹九六四年四月随叙光装新凌云山月余本锡云岗诸岩岚
游云岗口占并书铭南人定在云岗 孙公家

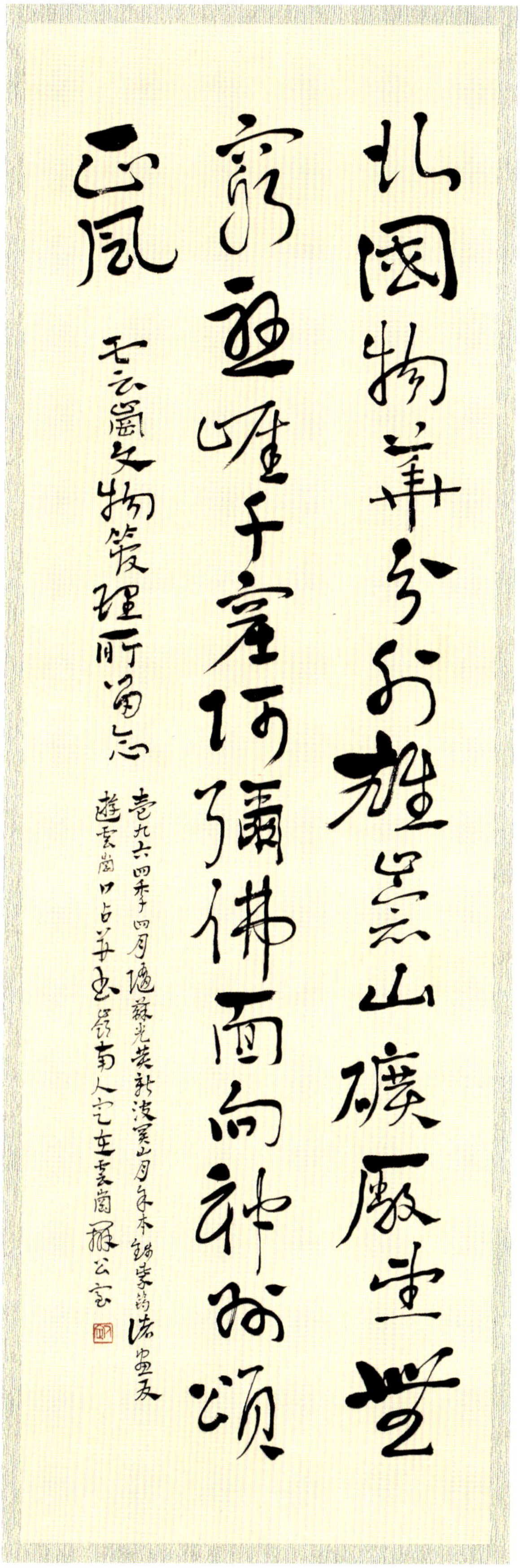

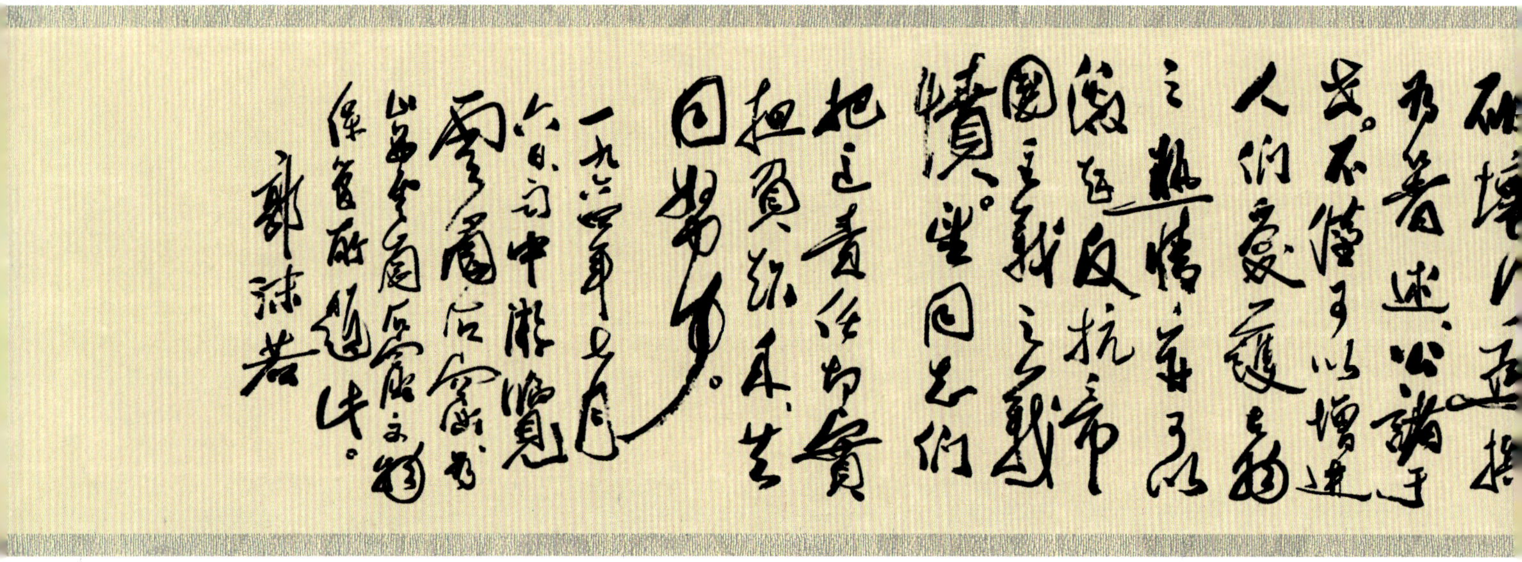

郭沫若　题词

云冈石窟国际
已足苍桓与砂岩，
风化水饣使雕
塑亦易被毁损，
其为可惜。但最
可恨者为帝国主义
文化後雕之为
破坏。以单
保管
文物的同志，
於维护保管，
亦应注意
进行缮想的
调查研究，
根据具体情况
揭发，帝国主

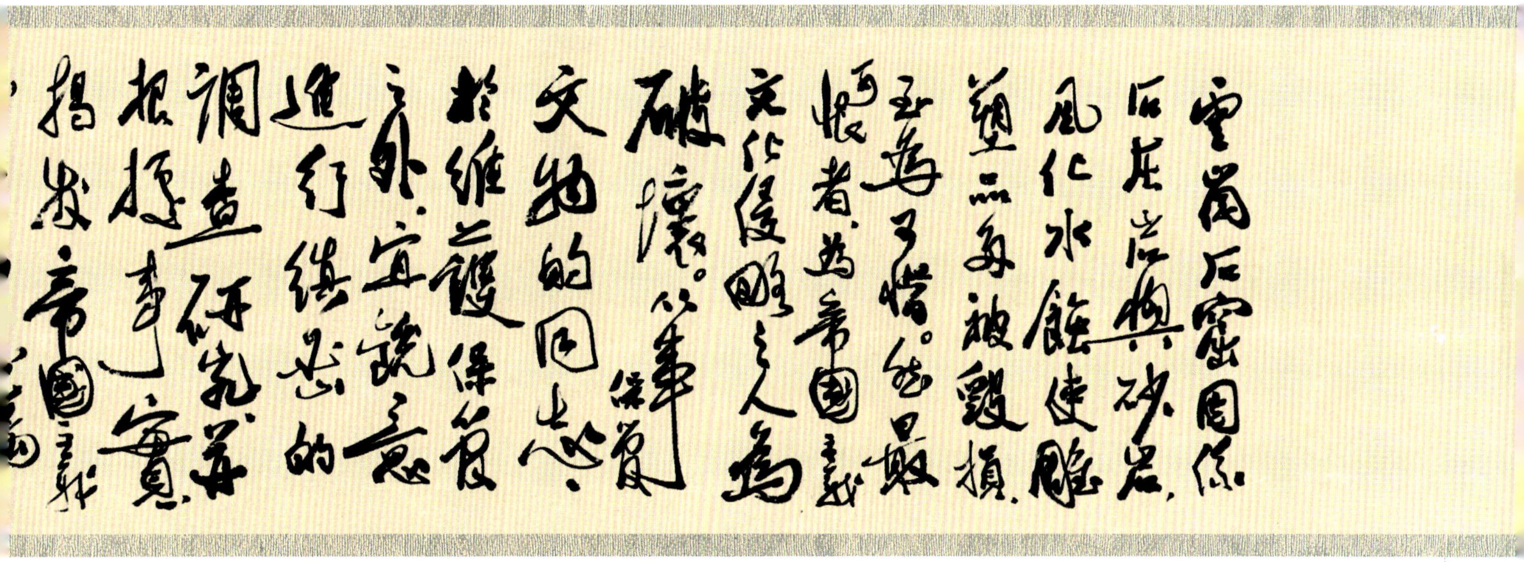

天教浮句为清盃
来看云冈万佛身
法像庄严通人民
显精神

云冈石窟此题也
一九六四年七月首游览
郭沫若

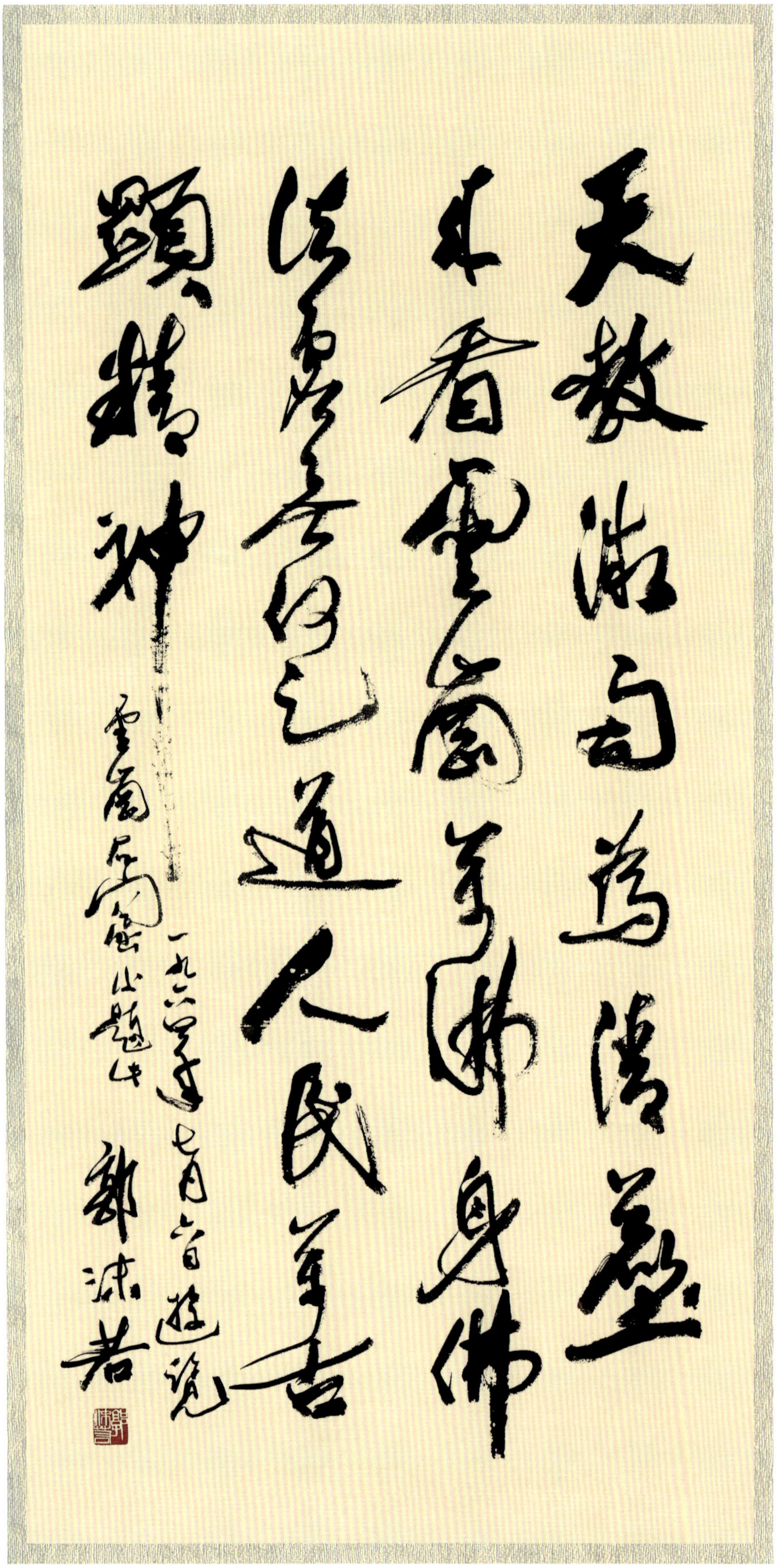

郭沫若　题词

14.8.

4 Aug 64

Having had the good fortune to be twice resident at the Thousand Buddha Caves at Mo-Kao-Khu, the famous 千佛洞 at Tunhuang; and having yet again been once a pilgrim to the Buddhist cave-temples at 龍門 near Loyang, it has now been my lot to visit the third great centre of ancient and mediaeval Buddhist art 雲崗. What a pleasure it has been to see these great works of the people of Northern Wei, and how delightful it is to find that all possible care is being lavished upon them in upkeep and restoration! The cave-temples of China correspond to the great cathedrals of Europe in preserving the artistic achievements of the religious phases of their respective civilisations. Generations yet to come will look back upon our time perhaps as the age when the justice and righteousness of socialist culture was first attained, but doubtless they will always enjoy as now we do, the aspirations of earlier ages incarnate in sandstone.

Joseph Needham

李約瑟

President of the Britain-China Friendship Association

英中友誼協會會長

李约瑟 题词

看到古代雕
刻建築的杰
作令人感到
勞動人民創
造力的偉大
一九六四年七月六日遊覽
雲崗石窟後題此
于立羣

于立群　题词

陆定一　严慰冰　题词

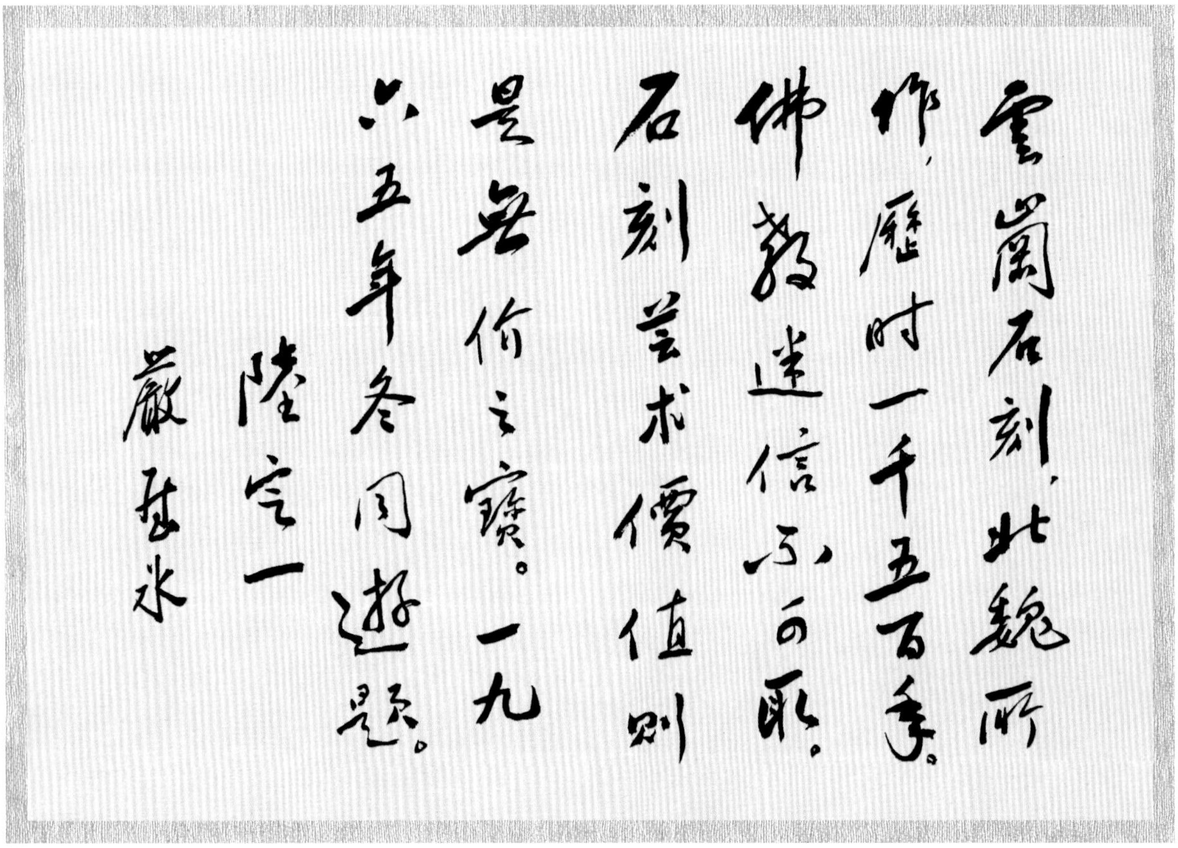
雲崗石刻，北魏所
作，歷时一千五百年。
佛教迷信不可取。
石刻藝术價值則
是無價之寶。一九
六五年冬同游題。
陸定一
嚴慰冰

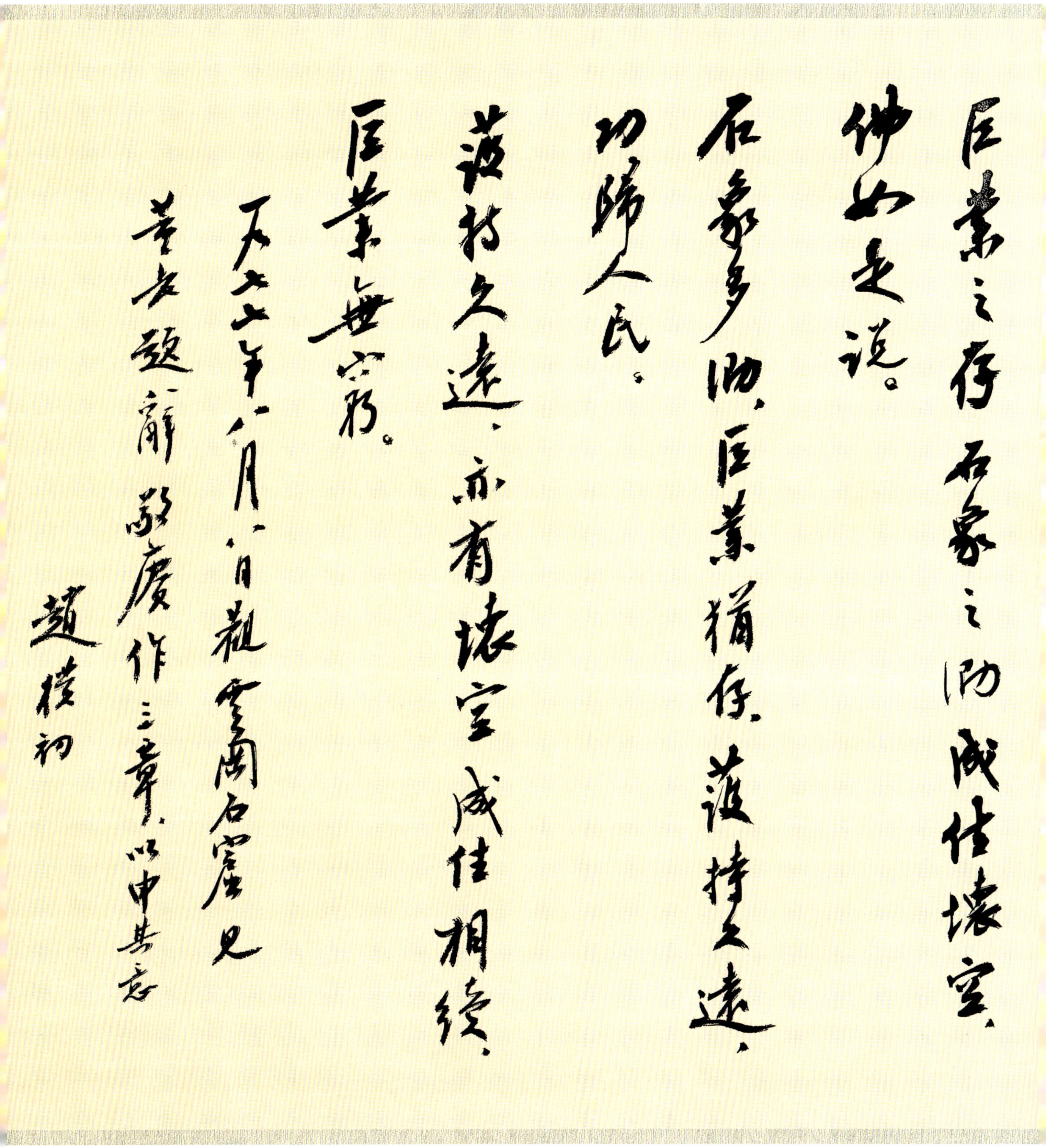
巨業之存，石象之助，成住壞空，
佛如是說。
石象多助，巨業猶存，護持久遠，
功歸人民。
護持久遠，亦有壞空，成住相續，
巨業無窮。
一九六一年八月一日觀雲岡石窟見
某友題辭，敬廣作三章，以申其意
趙樸初

赵朴初　题词

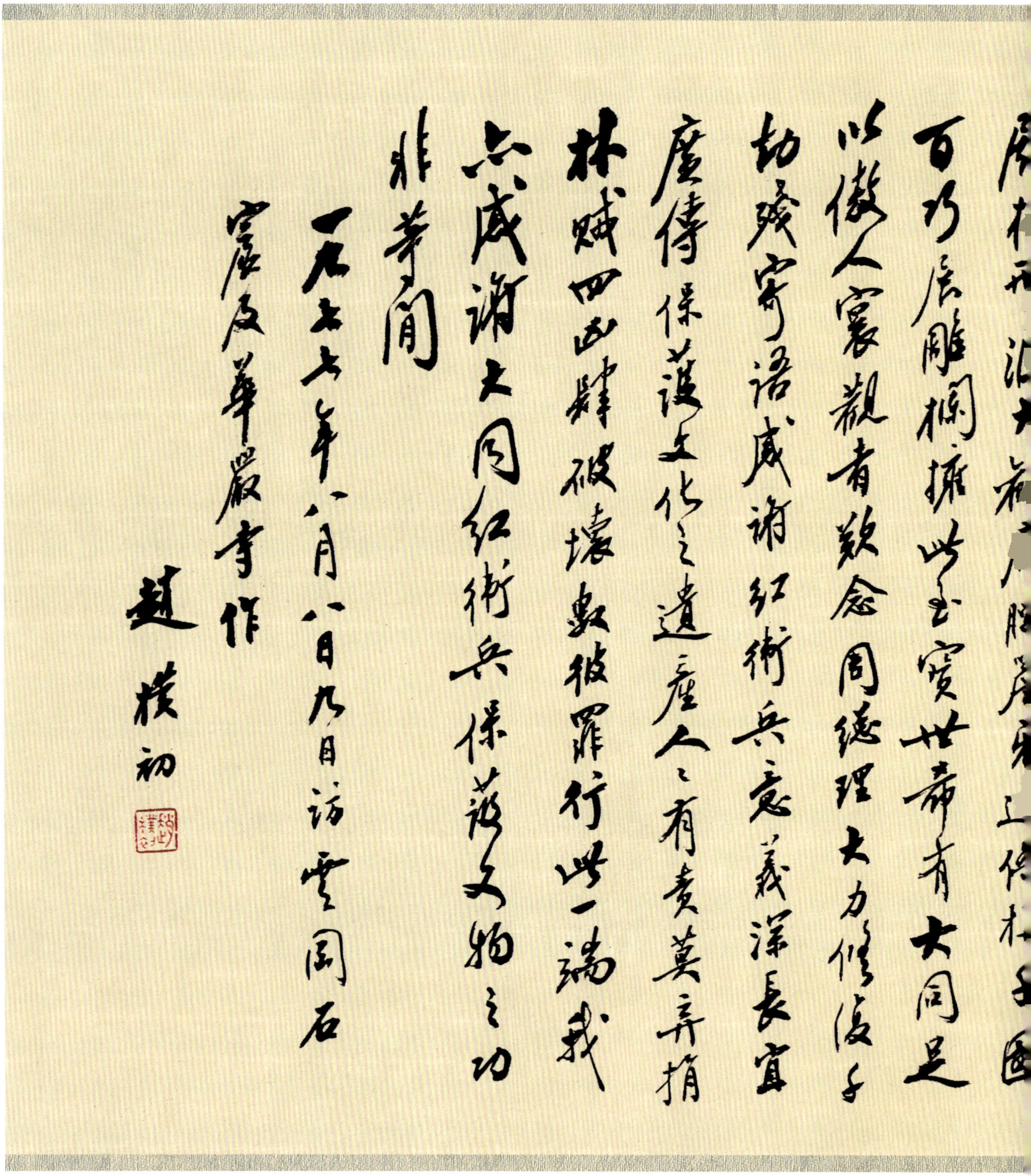
百巧居雕栏撷此玉寰世希有大同是
以傲人寰观者歆念周总理大力修复于
劫残穷语咸谢红卫兵忘义深长宜
广传保护文化之遗产人人有责莫弄捐
林贼四凶肆破坏数彼罪行此一端哉
亦咸谢大同红卫兵保护文物之功
非等闲
一九七七年八月八日九日访云冈石
窟及华严寺作
赵朴初

赵朴初　题词

昨日游云冈今日访华岩雕塑之美两
奇绝快过平生所未观凿岩造佛高数
丈亦现手如兜罗绵仿佛灵山来海会
弟子或坐或立或对或跽或悲或欣
并飞天拈花周匝围绕迅疾如风旋
四壁所刻多经变千姿万状尤非凡释
迦多宝同龛坐维摩文殊对床谈吐空
玄理写神话魅力更赖形象传想见神
工与意匠能令顽石不敢顽正与泥塑成
对照坚者柔之柔者坚试观下寺诸塑
象线如铁画动而圆静穆若有飞动意
神态妙非言能宣倚壁经橱亦珍物宫

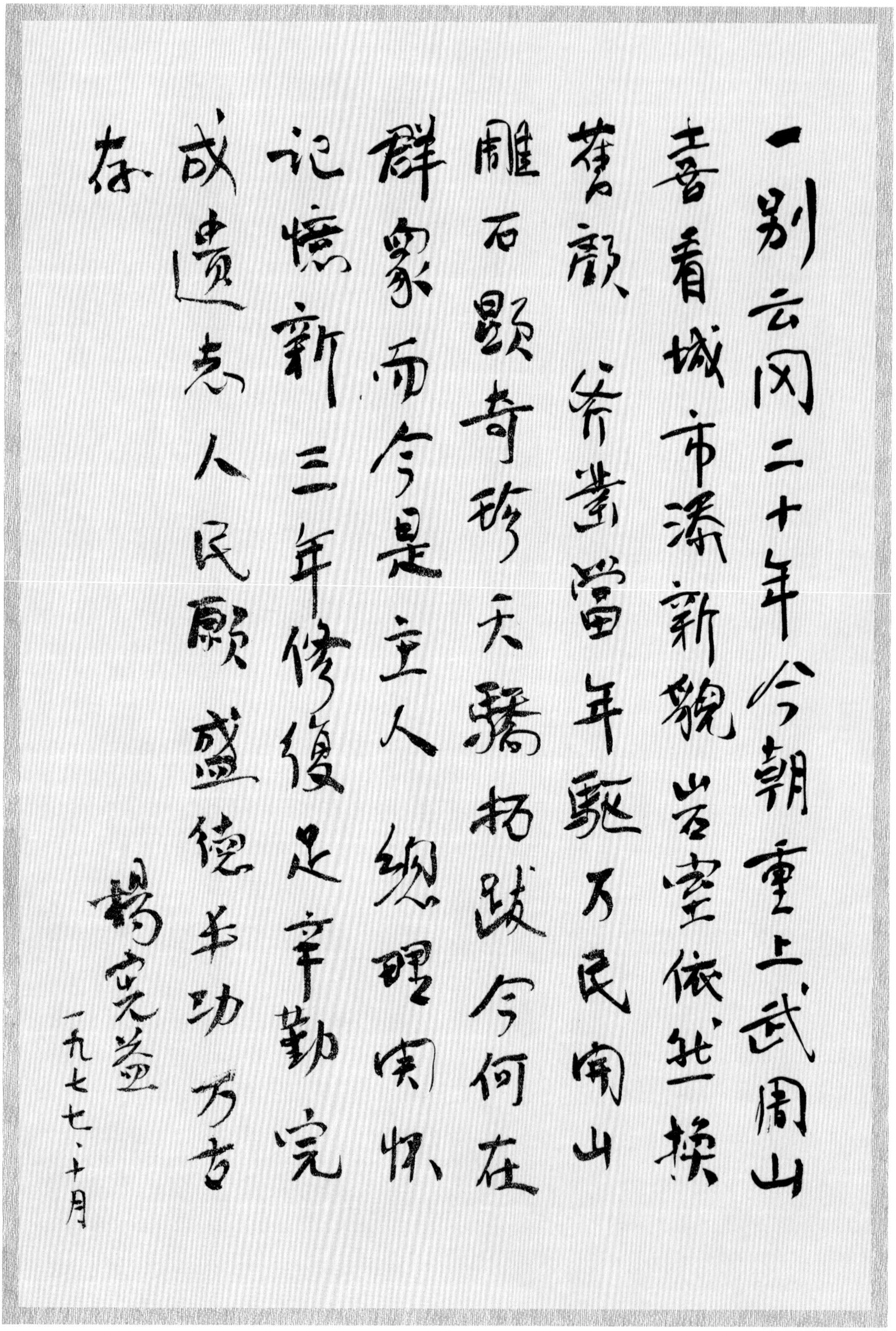
一别云冈二十年，今朝重上武周山。喜看城市添新貌，岩窟依然换旧颜。帝业当年驱万民，开山雕石显奇珍。天骄拓跋今何在，群众而今是主人。总理关怀记忆新，三年修复足辛勤。完成遗志人民愿，盛德丰功万古存。

杨宪益

一九七七、十月

杨宪益 题词

秋爽风轻意兴豪
阳寻芳问古访
云冈大佛飞
伟高五丈小绦
难害聚满堂
昔日能工雕石
窟个朝乃将身
煤藏诸室万尊
经千载兮而今
物阜武康

一九八〇年九月廿日中秋节
三日游云冈
段云

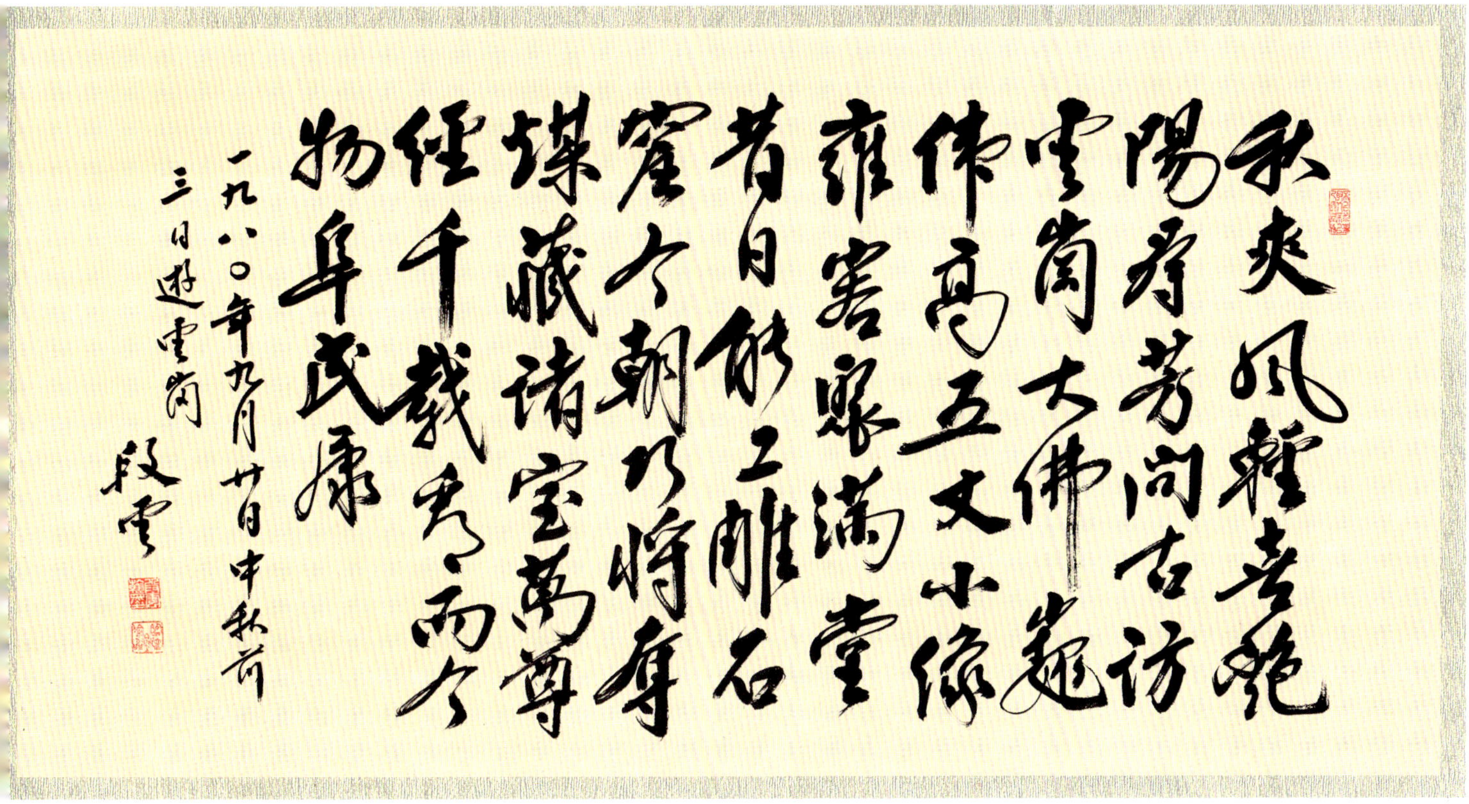

段　云　题词

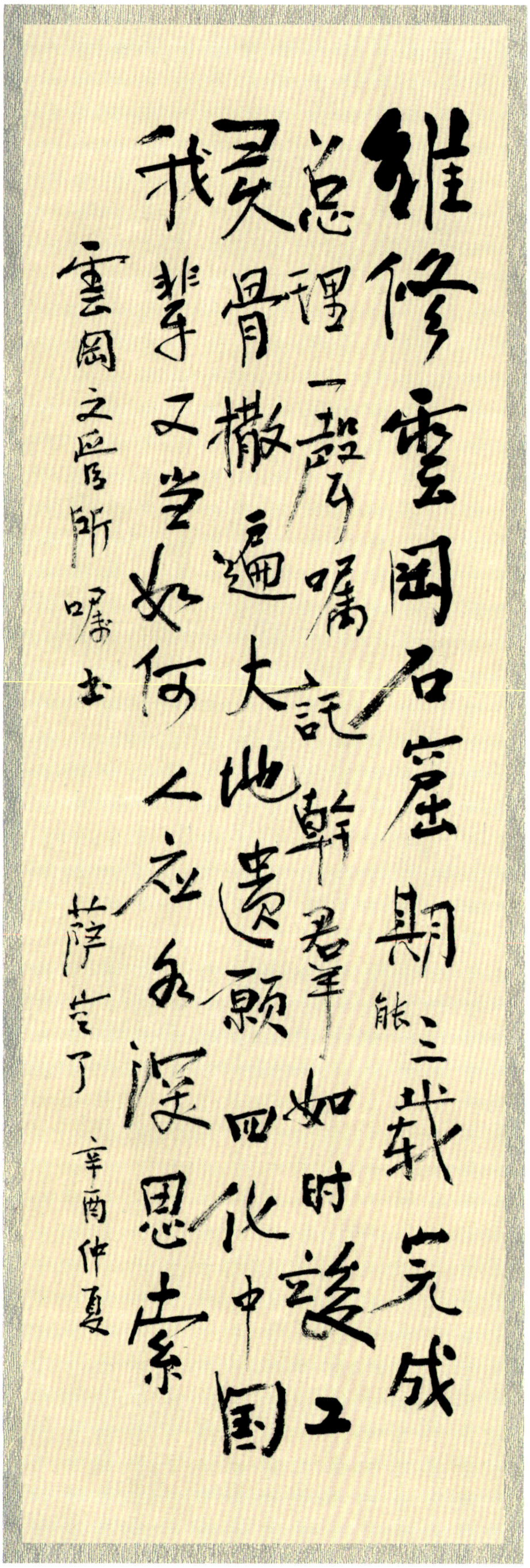
维修云冈石窟期能三载完成
总理一声嘱託干群如时竣工
灵骨撒遍大地遗愿四化中国
我辈又当如何人应多深思索
云冈文管所嘱书
萨空了
辛酉仲夏

萨空了 题词

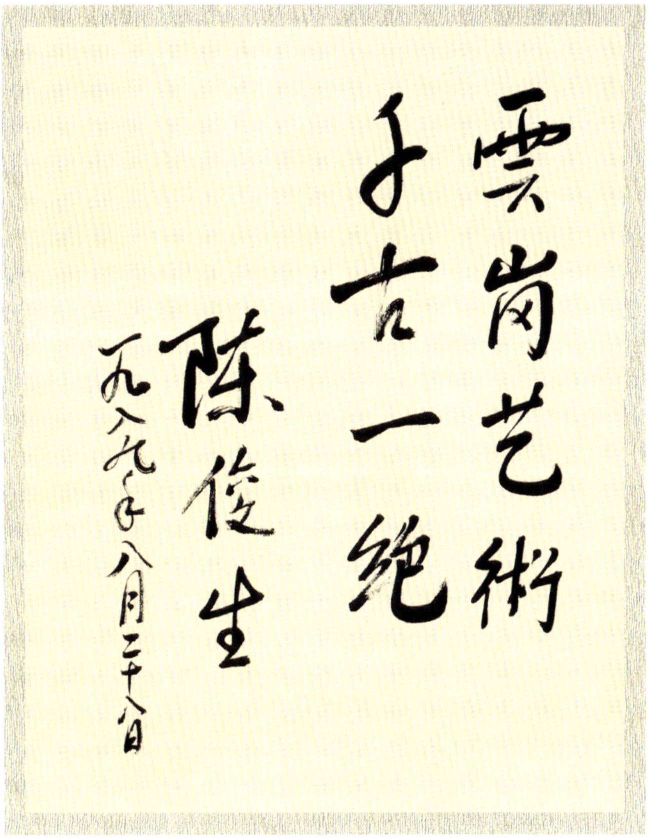
雲岗艺術
千古一绝
陈俊生
一九八九年八月二十八日

陈俊生　题词

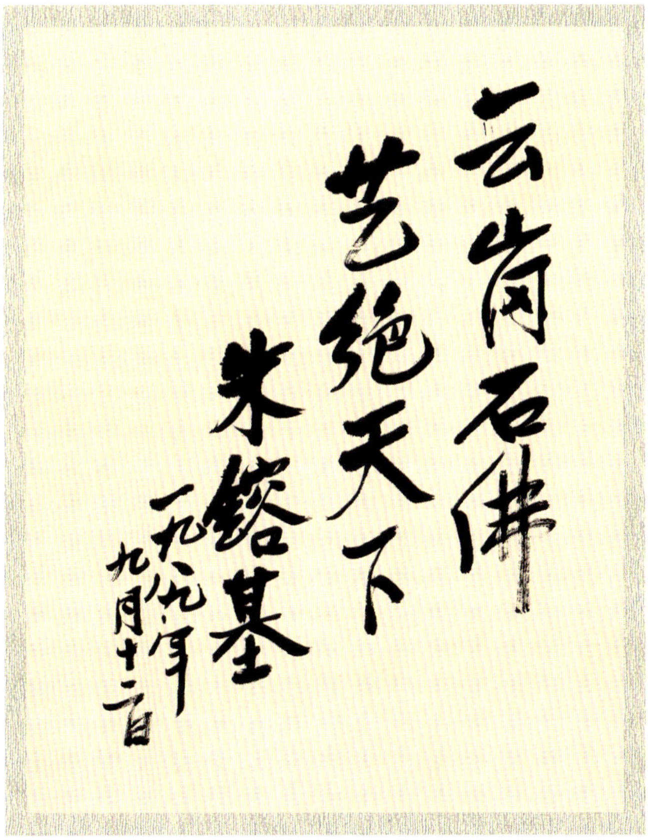
云岗石佛
艺绝天下
朱镕基
一九八九年
九月十二日

朱镕基　题词

主义佛大沟创

远力量

一九八四年乙乙秋

三次重游云冈

信等志念

李雪峰及

同游诸同志

签名

衙信秀

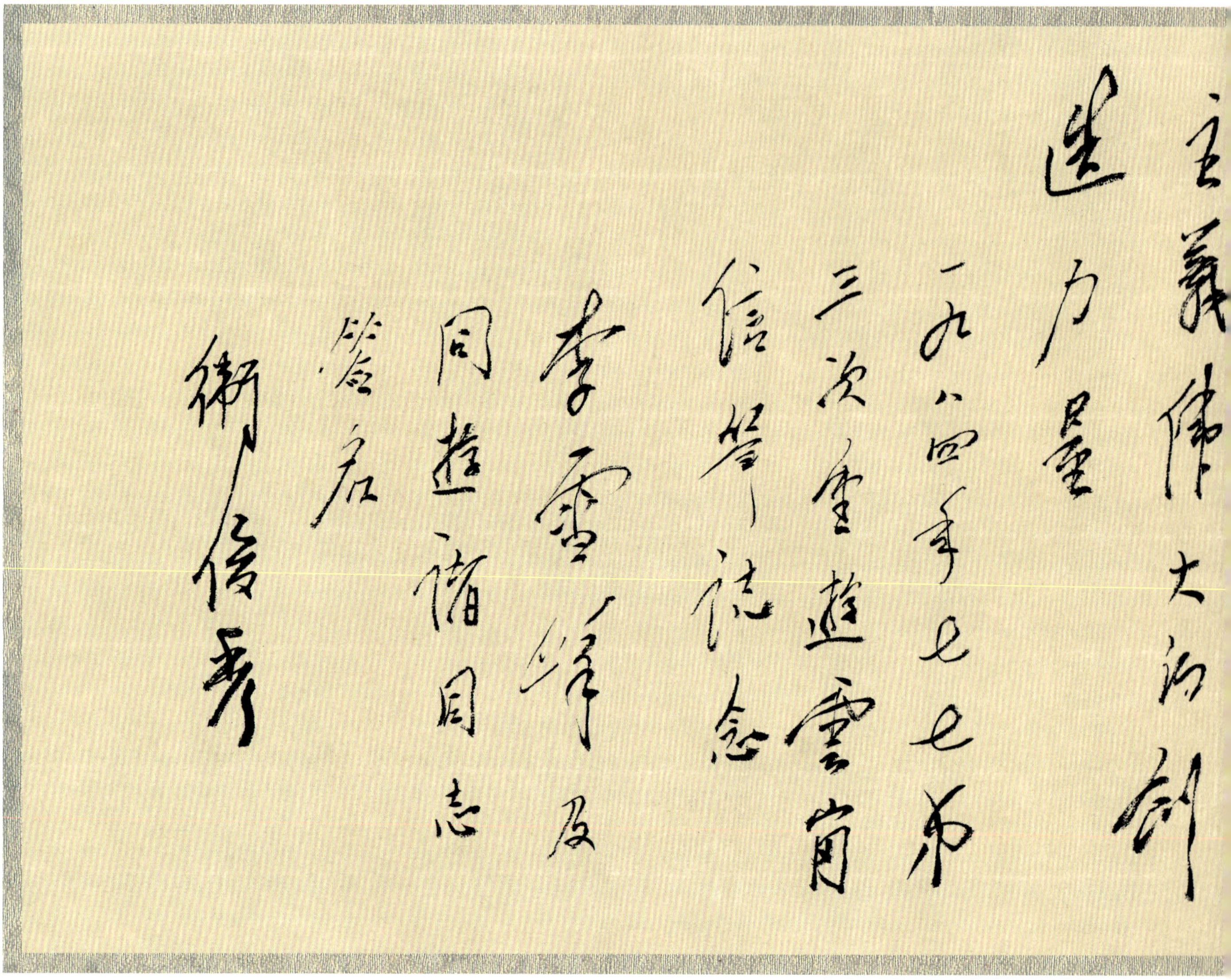

李雪峰　题词

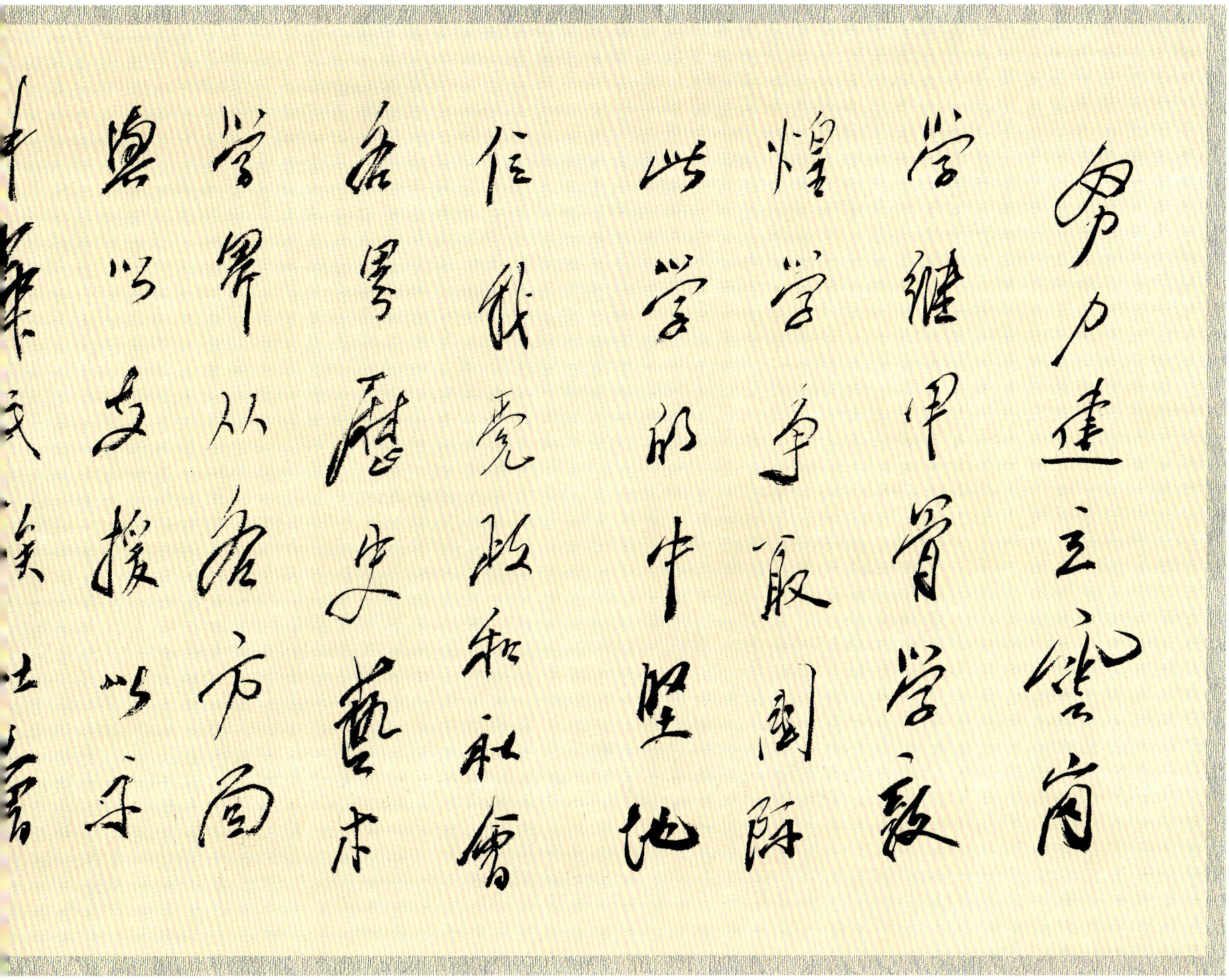
努力建立雲岡
学継甲骨学敦
煌学争取国际
此学的中坚地

刘振华　题词

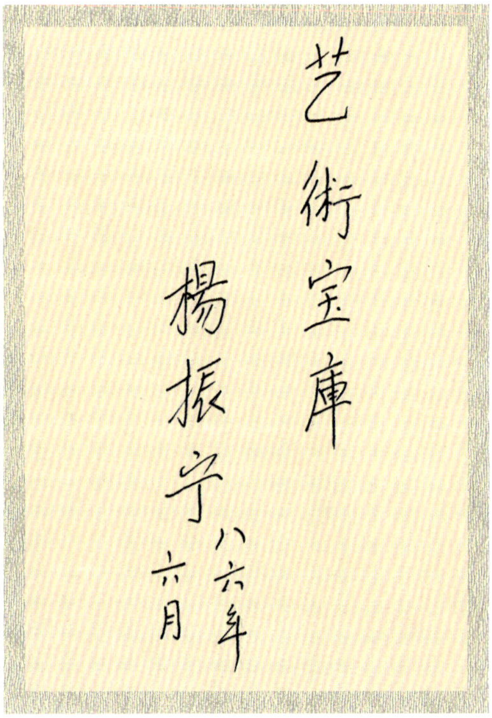

杨振宁　题词

保护云冈石窟
弘扬民族文化
王丙乾
一九九一年八月十二日

王丙乾　题词

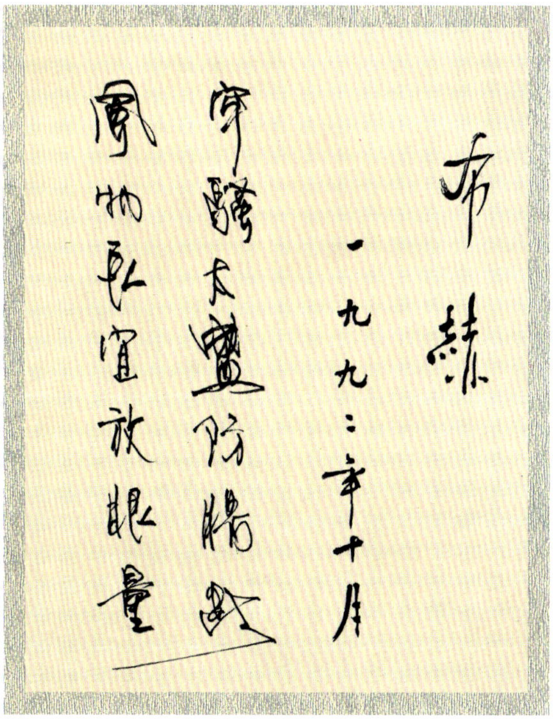
布赫
一九九二年十月
风物长宜放眼量

布　赫　题词

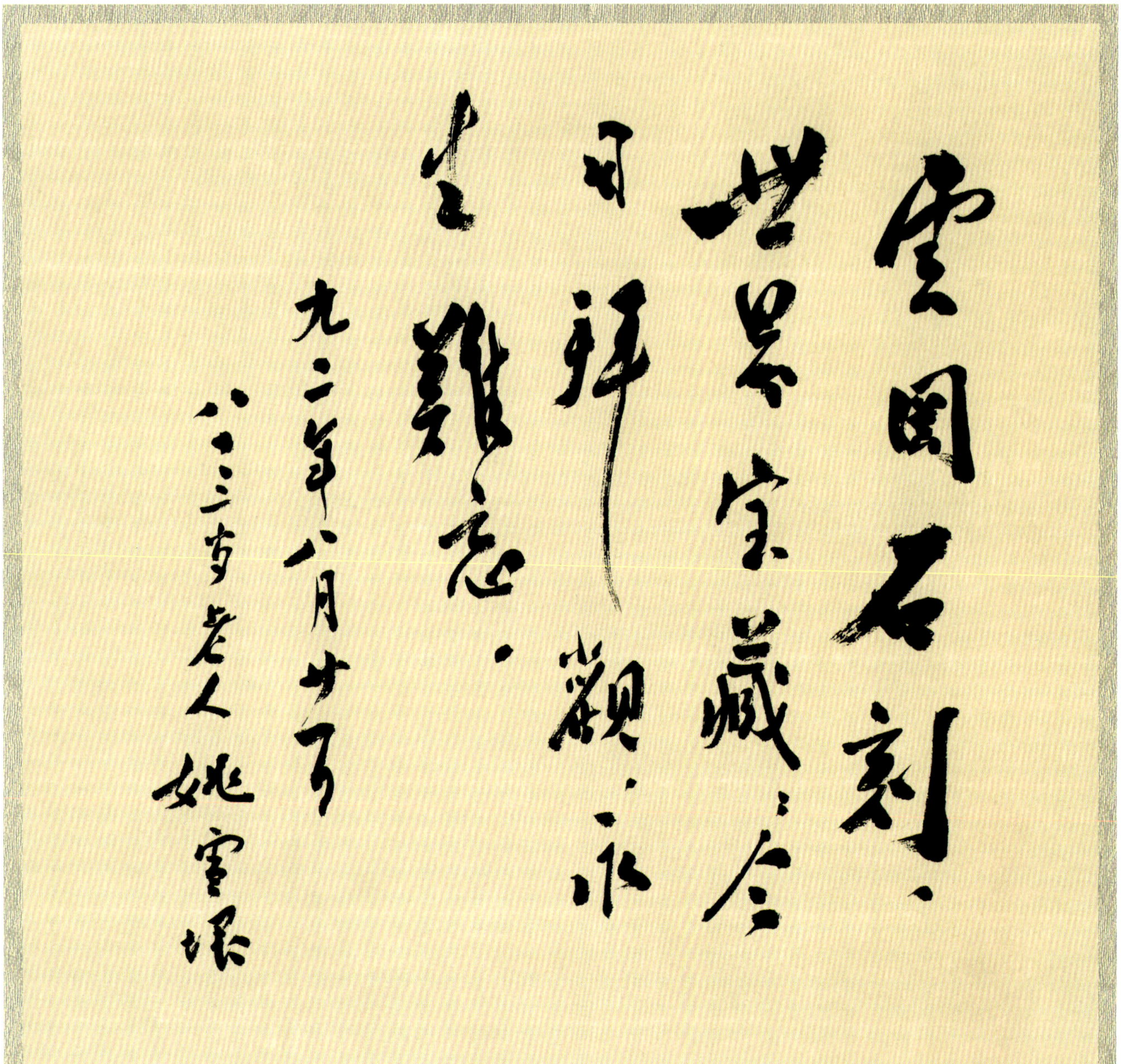
云冈石刻，
世界宝藏，今
日拜观，永
生难忘。
九二年八月廿六日
八十三岁老人 姚雪垠

姚雪垠　题词

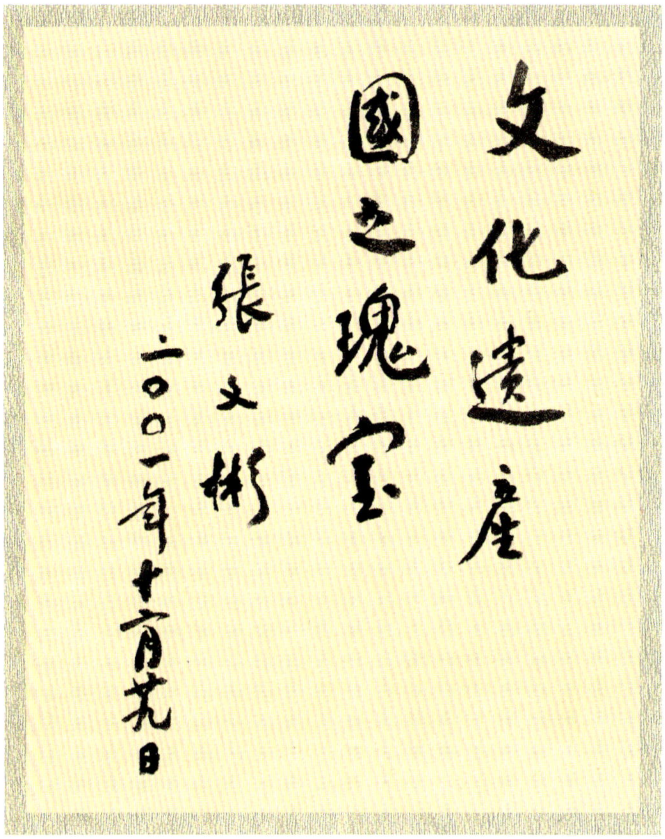

张文彬 题词

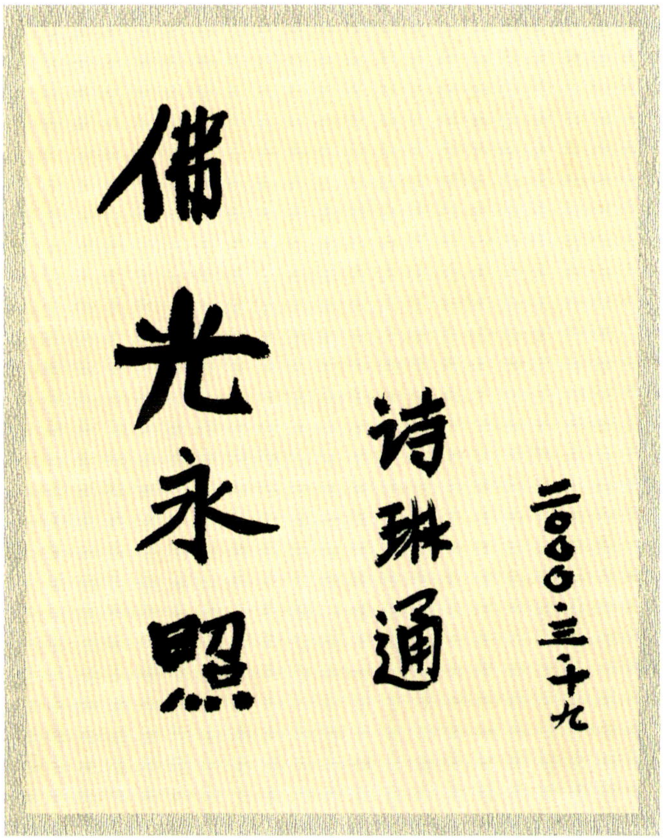

诗琳通 题词

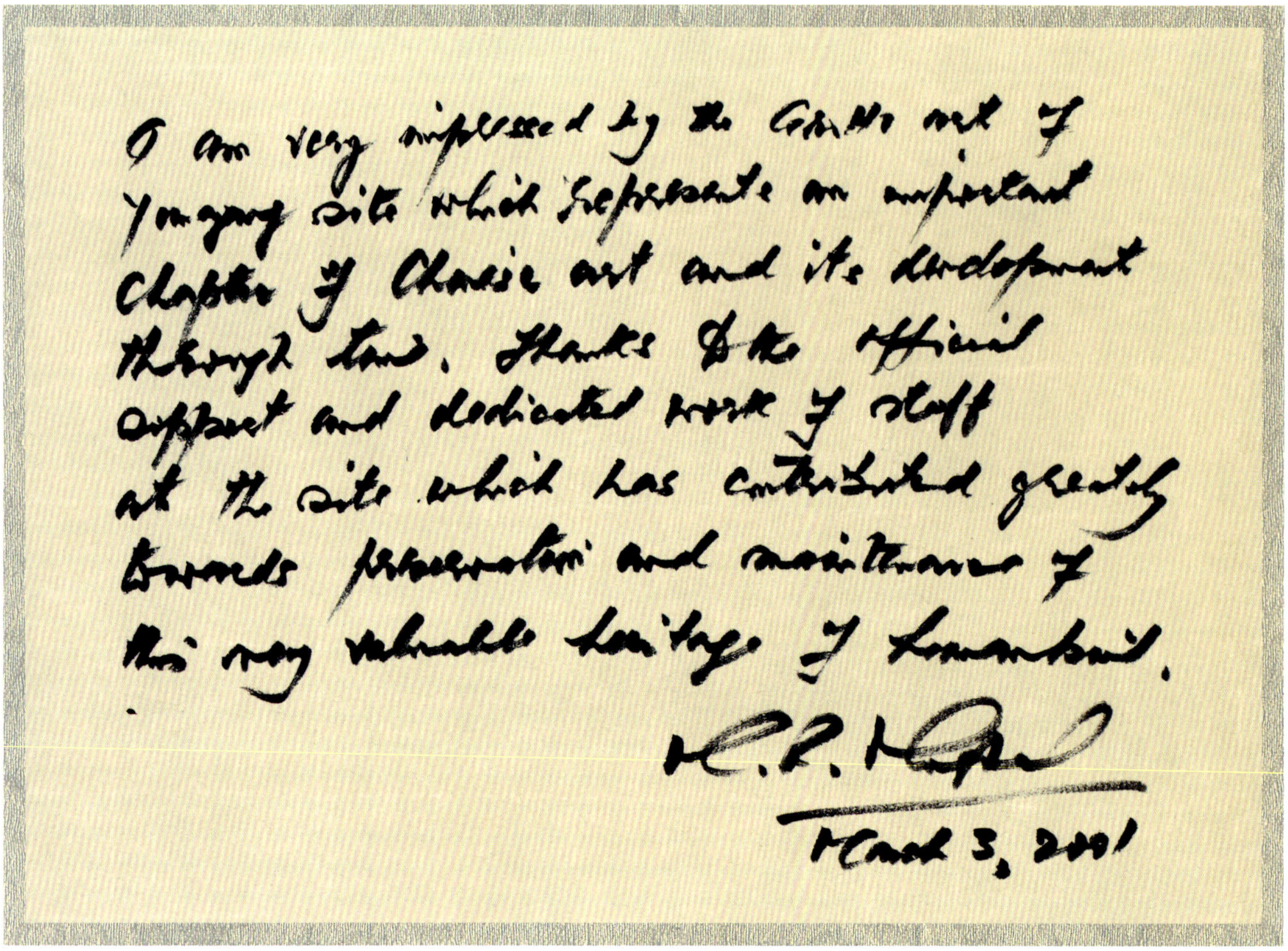

I am very impressed by the Grottos art of Yungang site which represents an important chapter of Chinese art and its development through time. Thanks to the official support and dedicated work of staff at the site which has contributed greatly towards preservation and maintenance of this very valuable heritage of humankind.

M. R. Mughal

March 3, 2001

拉菲克·姆高　题词

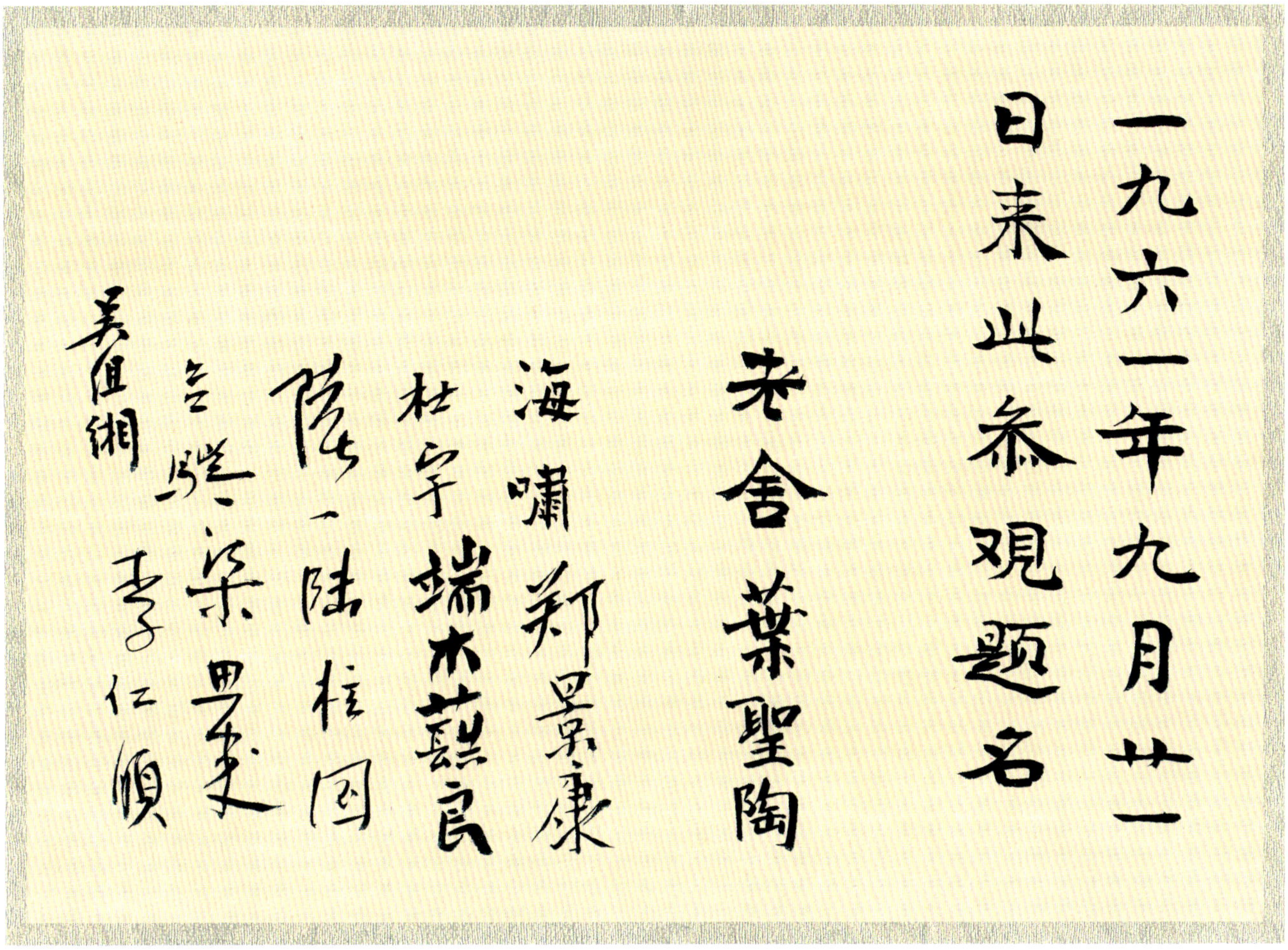
一九六一年九月廿一日来此叅观题名
老舍
葉聖陶
海嘯
鄭景康
端木蕻良

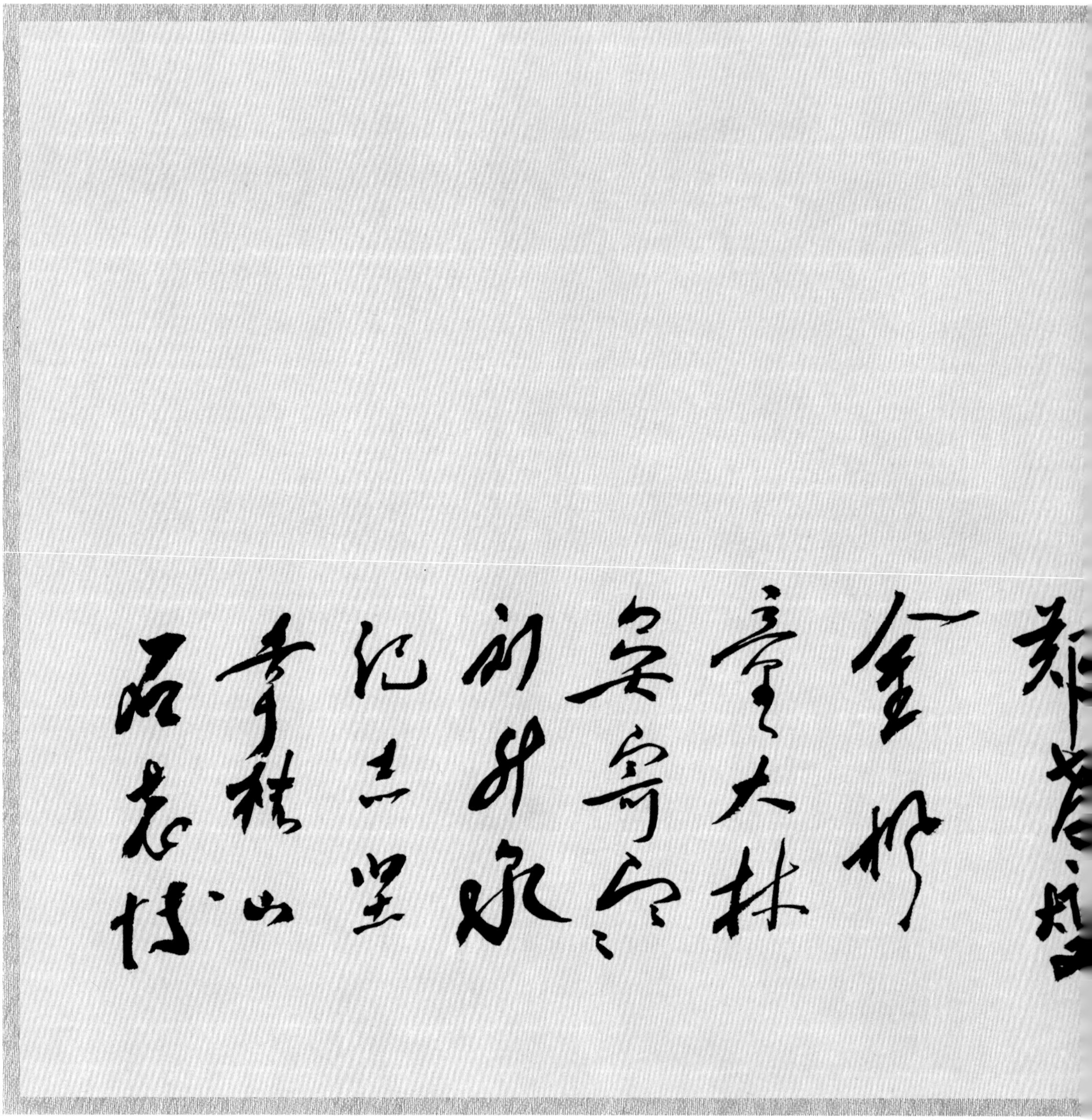

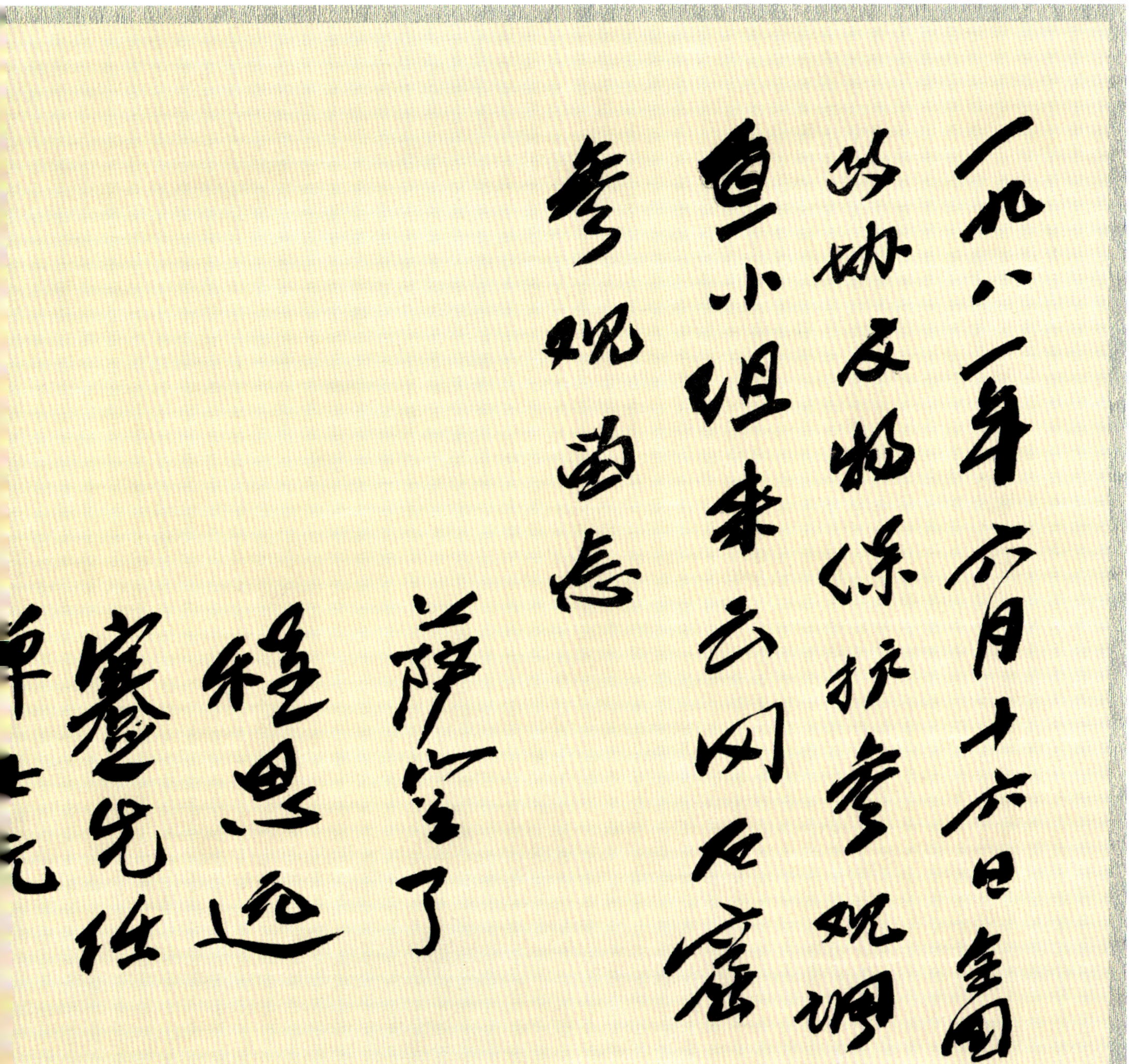
一九八一年六月十六日全国
政协文物保护参观调
查小组来云冈石窟
参观留念
萨空了
程思远
蹇先任
单士元

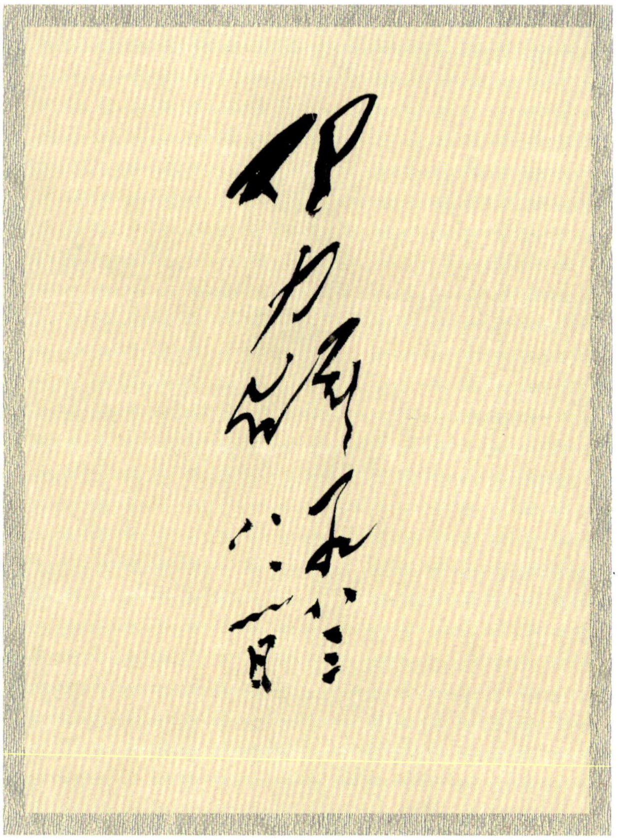

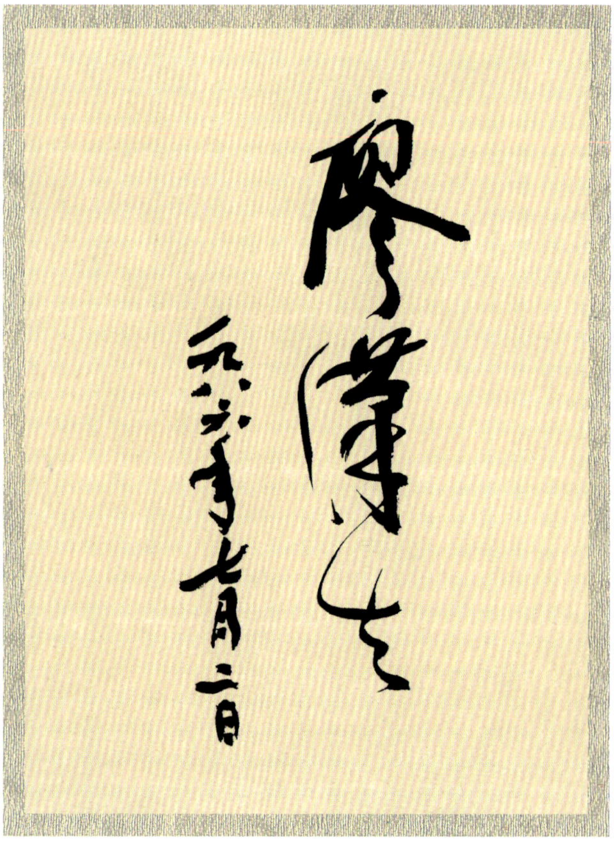

陳丕顯
一九八六年
九月十六日

吕正操
一九八七年六月

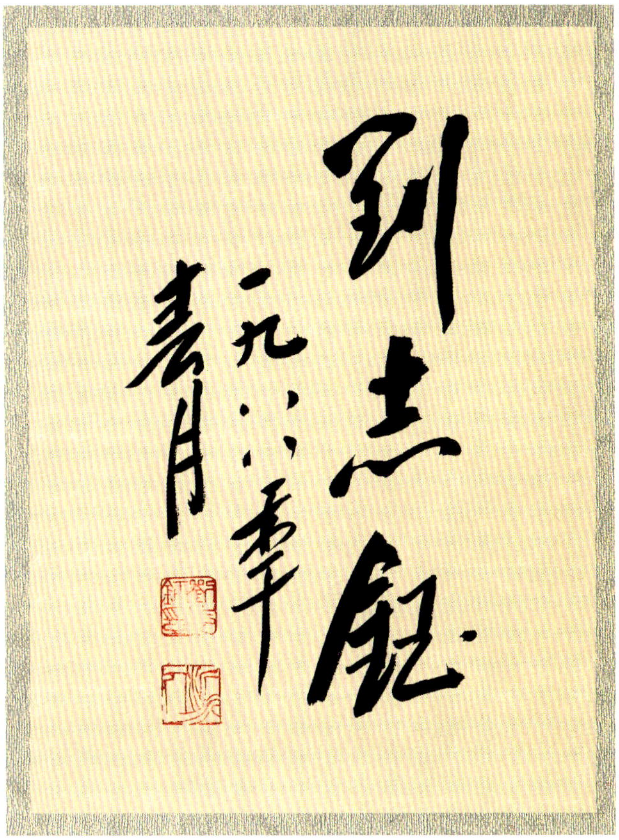

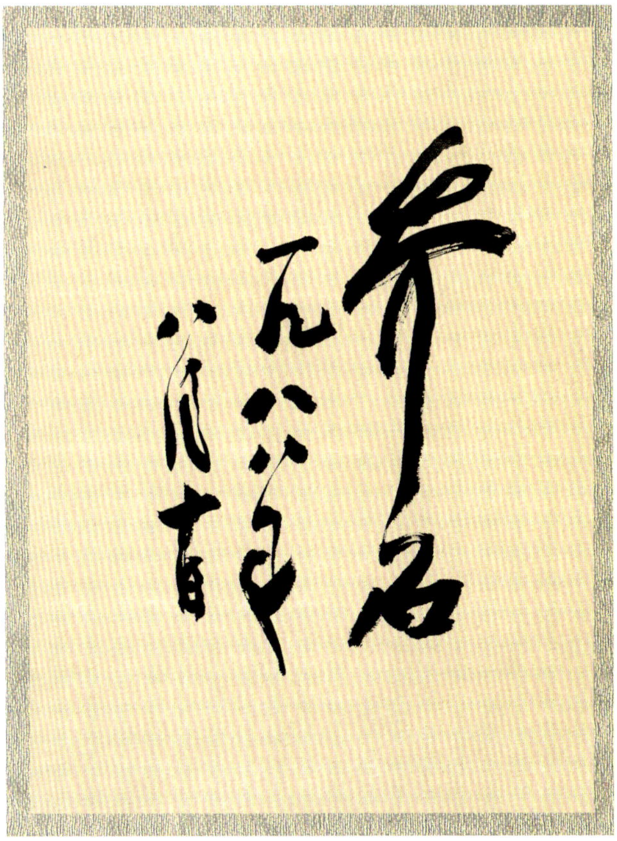

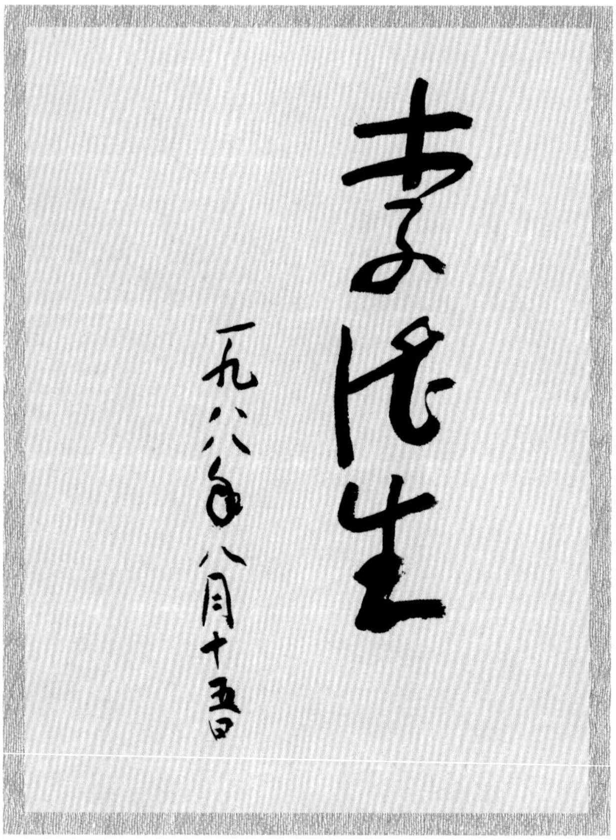
李德生
一九八八年八月十五日

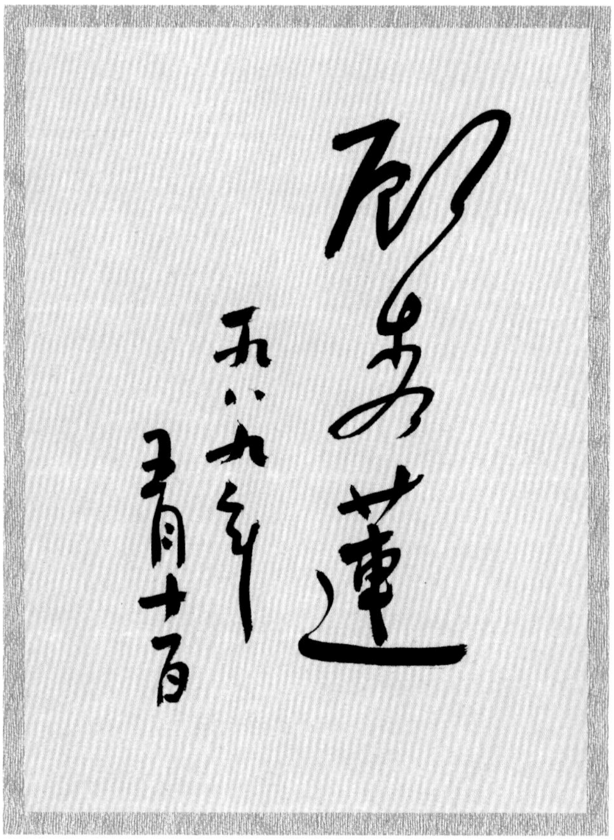

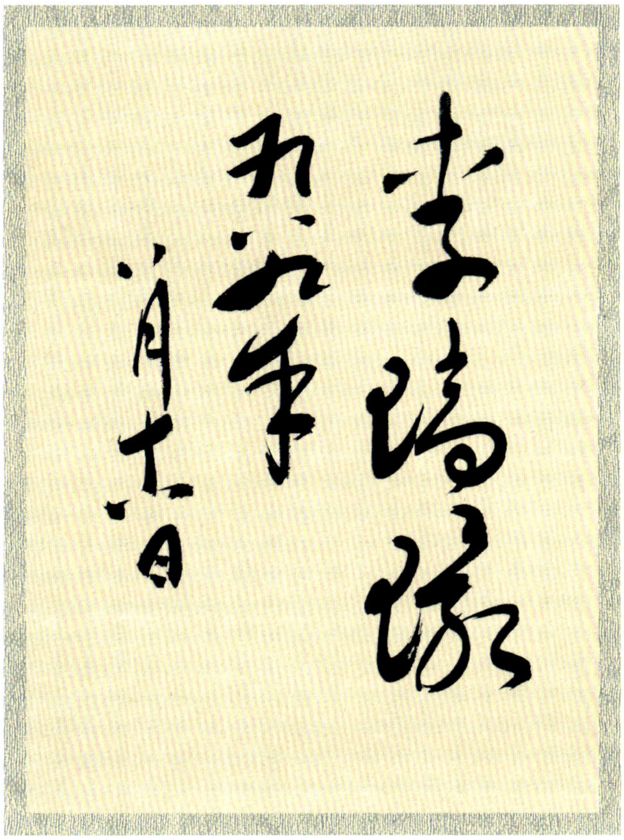

朱鎔基
一九九九年九月十二日

谷牧
一九九〇年七月

李政道
九八一年六月十一日

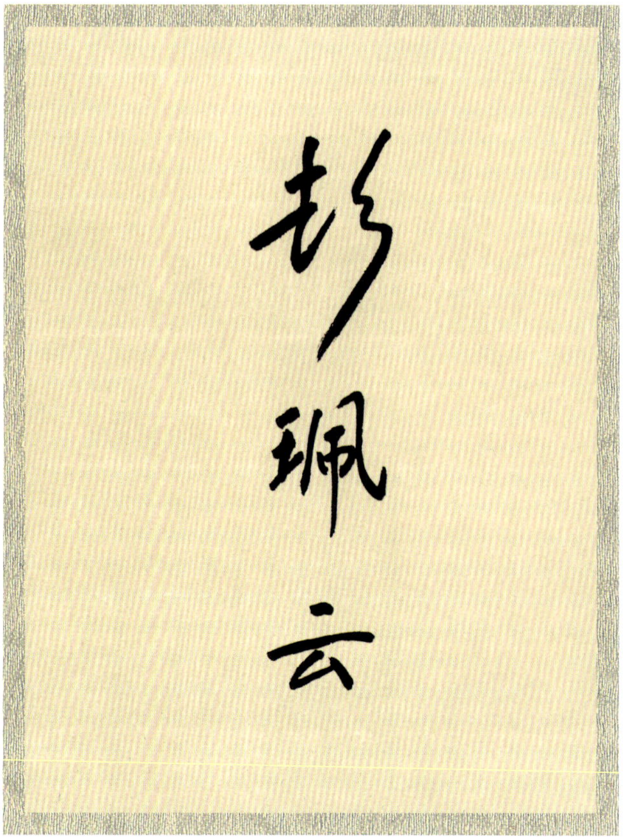
彭珮云

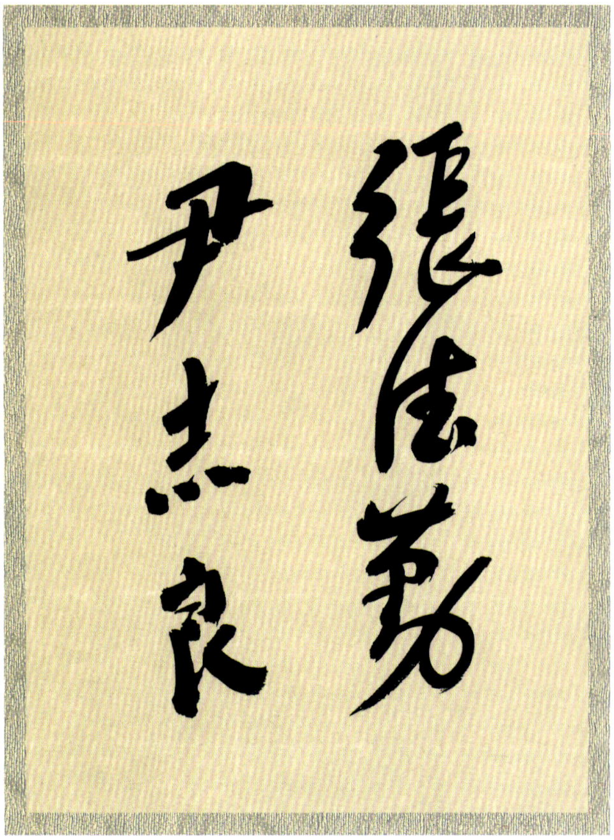
張德勤
尹杰良

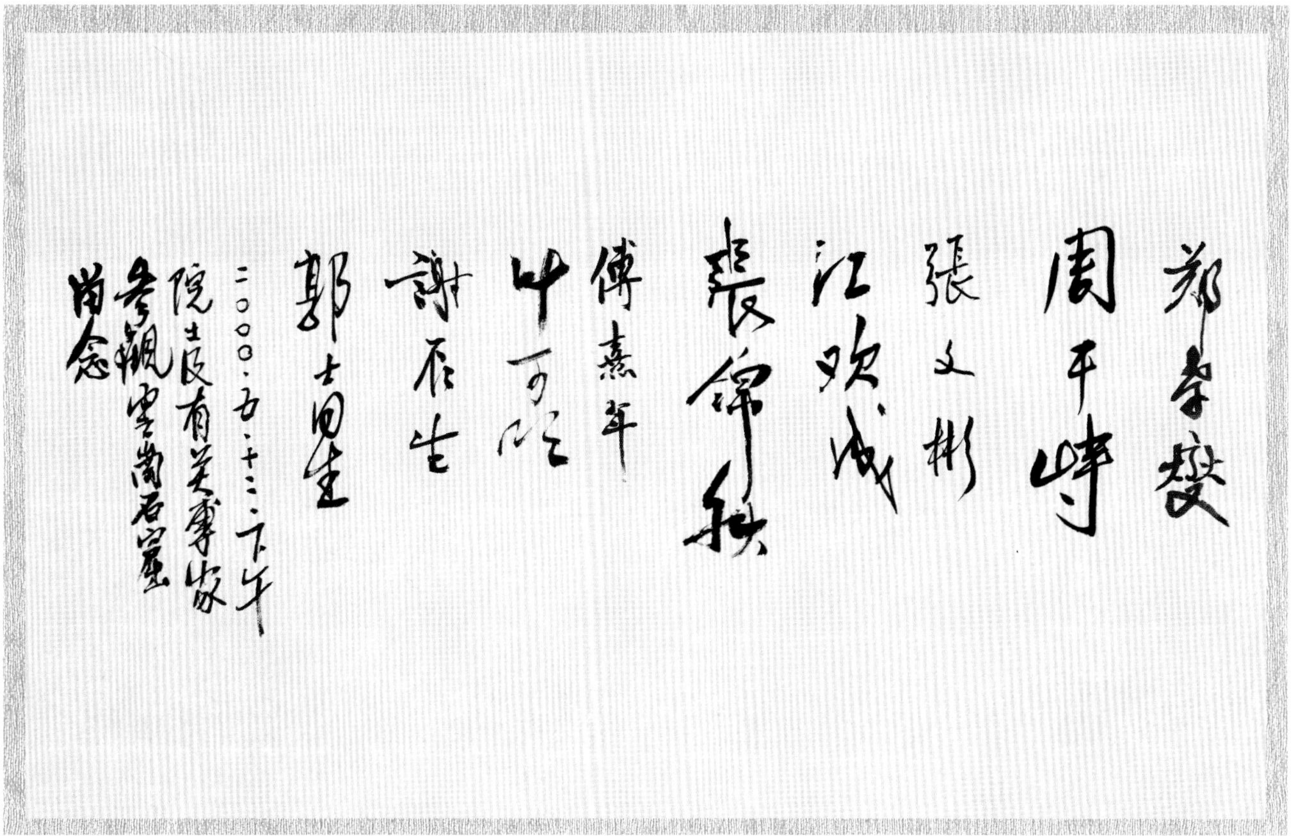
郑孝燮
周干峙
張文彬
江欢成
張錦秋
傅熹年
叶可明
谢辰生
郭士星
二〇〇〇·五·十二·下午

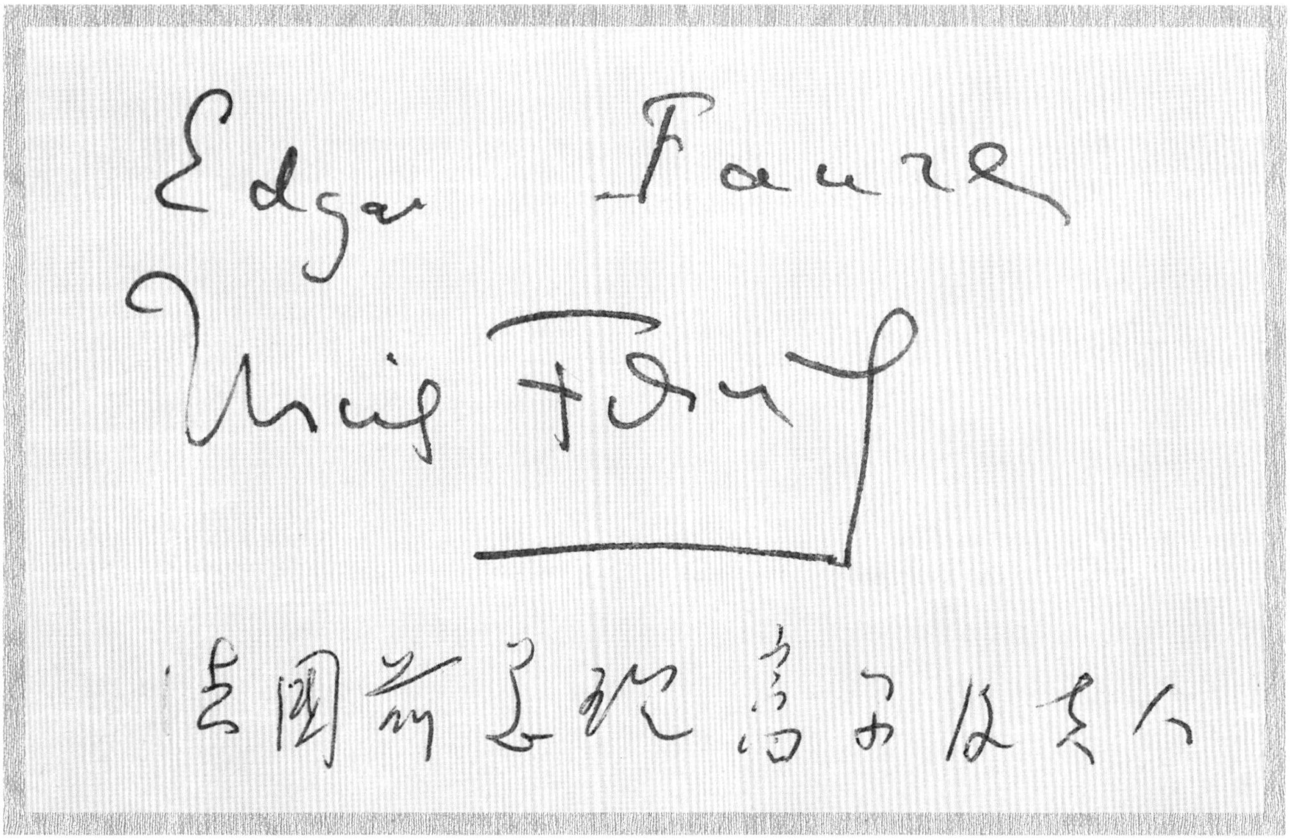
Edgar Faure
法国前总理富尔及夫人

第20窟

第18窟

第15窟

第18窟

第10窟

第8窟

第5窟 第6窟

第十二窟
第十一窟